JN440165

섬 하나 가슴에 올려놓고

섬 하나 가슴에 올려놓고

지 은 이 김종선
펴 낸 이 김기창
표지디자인 정신영
편집디자인 최은경

초판 1쇄 펴낸날 2011년 9월 30일

도서출판 나비꿈
주 소 서울 종로구 명륜동 1가 51번지
트리플 빌딩 102호
전 화 02 741 7719
팩 스 0303 0300 7719
홈페이지 www.lihiphi.com
전자우편 bk010@naver.com
출판등록 제300-2010-4호
I S B N 978-89-963937-5-7

* 이 책은 전라북도 문예진흥기금 일부를 지원 받았습니다
* 책값은 뒤표지에 있습니다.

섬 하나 가슴에 올려놓고

토박이말로 여는 글놀(시) – 김종선 지음

나비다미

생각씨는 글놀의 새샘터

글놀분 김종선은 빛깔과 냄새와 자취가 있는 생각씨 글놀말을 쓴다.

글놀말을 고르는 일은 밑나라말(모국어)의 빛깔과 냄새와 자취를 고르는 일이다.

글놀말을 골라 쓸 때 들온말을 가온에 두고 쓰면 지식과 관련된 낱말이 늘기는 느는데 맛탱이 없는 낱말들만 말셈머리(어휘부/머릿속사전)에 꽉 들어찬다. 지식은 있는데 가슴은 없다. 많이 배우면 배울수록 지식은 는다. 겨레의 빛깔과 냄새와 자취가 없는(무색무취한) 지식은 늘지만 생각하는 밑감과 실마리를 잃어 말과 글을 부려 쓰는 힘이 졸아들고 만다.

이를 딛서는 미립으로 생각힘이 늘품하는 한겨레의 얼이음 배움을 일궈본다.

먼저 우리말 생각씨 줄기말(연관어)을 일구는 미립으로 우듬지싹을 챙겨야 한다. 우듬지싹은 조선의 선비들이 즐겨 쓰던 도설을 이르는 토박이말이다. 우듬지싹은 낱말과 글귀로 이루어진 낱말밭이요 낱말숲이다. 이는 말셈머리 구실의 크기와 섬돌을 마련한다. 생각씨의 구실은 저품(자연)에서 씨앗을 심으면 싹이 트고 잎이 피면서 줄기가 자란다. 곧 생각힘을 일구는 밑나라말 생각씨는 말글살이 밑천을 넉넉하게 한다.

몸이 말하는 느낌과 생각과 뜻을 일구는 골얼줄(뇌신경)의 본데 나들길(지식 소통도)에서 빛깔과 냄새와 자취가 있는 생각씨를 부려 쓰면 수많은 생각을 일군다. 생각은 말로 한다. 느낌에서 비롯한 여러모꼴 생각은 하나의 뜻으로 모아지고 모아진 뜻은 입말이나 글말로 내놓게 된다. 입말과 글말은 몸이 말하는 것이다. 곧 입과 손의 말이다. 아홉 내다지의 뫎나들말이다. 뫔나들(소통)은 갈배움에서 몸들임을 이끄는 종요로운 연모다. 뫔나들로 늘 배우는 이는 몸소 배움으로 새물을 내는 낳낸이(생산자)가 되어야 한다. 그래야 삶터에서도 새물을 내는 낳낸이가 된다.

또한 글놀 낳낸이는 몸들임할 속살을 저품에서 얻어야 한다. 내들면 숲을 이루는 나무나 풀이 줄기를 가축하고 있는 것처럼 글놀을 이루는 입말과 글말의 월도 줄기를 가축하고 있다. 나무나 풀이 햇빛과 땅속의 젓물을 얻어 자라듯이 월도 낳낸이의 느낌과 생각과 뜻을 얻어 자라게 된다. 나무와 풀이 자라 자리를 잡으면 숲이 된다. 월이 자리를 잡으면 글을 이룬다. 숲과 글은 제 나름 차례듬과 속살을 가진다. 글놀은 저품의 차례듬과 속살을 글놀분의 맘뜻 소리놀로 숨을 쉰다. 장단과 가락이 있다. 들리는 추임새도 있다.

이를 몸들임한 김종선의 글놀 쓰기는 이 땅의 삶에 기댄다. 그의 글놀사름은 믿나라말의 차례듬과 속살에서 비롯한다. 곧 글놀 쓰기 늘배움의 본보기를 마련한 것이다. 이 땅의 모든 이에게 믿나라말의 고마빛(용한 빛)을 선물한 것이다.

두즈믄열한해 온여름달 초하루 삿날 사미르강가에서

문학박사 염시열 절

차례

제3부 생김살이울 세클다춤

제4부 갈매기 날개 단 바다

제5부 까르르까르르 웃는 나무

제6부 대바람살 세클다무늬

제1부 섬 하나 가슴에 올려놓고

섬 하나 가슴에 올려놓고

푸른 물결 뛰노는 가슴에
섬 하나 올려놓고
먼 바다 헤집고 돌아와
숨결 돌리는 꾸러기 바다

바닷가에 접시안테나 하나 세우고
달과 별에서 보내는 불빛 뜻빛살 받아
한바다에 풀어 보내는 소라의 빛살통신
파도소리 높낮이 따라 빛의 세기가 다른 달빛
물소리로 맞대꾸하는 꾸러기 바다

뱃길에 등대 하나 밝히고
쪽쪽 빨고 어루만져
속살 다 풀어 주다가
소가지 뒤틀려
동백꽃처럼 활활 맘얼 불꽃을 태우며
길길이 날뛰다 제풀에 풀어져
달빛 빛때깔 받아 읽는 꾸러기바다

* 뜻빛살: 메시지, 빛때깔: 이미지

외딴집 암가락 숫장단

소나무 숲으로 둘러싸인 여름지터
땅 몇 평 빌려 땅콩이나 심자고
땅을 파고 밭두둑 만들다 목말라
여름외딴집 뜰에 물 뜨러 갔더니
방문 앞엔 숫이 신발 한 켤레뿐인데
암이의 가느다란 정받이소리가 끊어질 듯
이어지며 죽다가 살아나고 또 죽고
"아아아 아야, 아아아 아야"
들어볼수록 봄사랑어린 흘레가락
"아아아 아야 , 아아아 아으 아으"
숲속에서는 암꿩이 알 품는 소리
매실나무 열매는 신물이 들어차고
흰나비는 들꽃 속에서 날아올랐다.

나비 춤

금만경 너른 들녘을 가로지르는 사미르강
물길 닿는 곳마다 젖어 꽃이 피는 나무처럼
물결치다 생각이 깊어지는 무지개달의 바다
바다가 하양 물음표를 다는 것 같은 글놀맘속
지워진 판그림 속 달구름 떠올리는 솟을 물음
꽃바람 끗 달아오른 꽃님 고의 벗기는 햇살
꽃잎 벙그는 깜짝새 좇아 추는 멋씬이 맘바람
아시샘물 흐르는 물길에 꽃을 피우려는 맘비손
늘 새물 풍김새 글놀 가락결 춤을 추는 맘글놀
맘사람 꽃내로운 생각 속을 나는 나비춤.

* 글놀: 시, 사미르강: 만경강, 달구름: 세월, 멋씬이: 예술가. 판그림: 장면, 깜짝새: 찰나.

땅짐 끌어올린 물오름 꽃낭구

골방기도의 창과 한울 사이
땅짐 끌어올린 물오름 꽃낭구
날 난 날 불 밝힐 예순 몇 송이
꽃낭구 우듬지싹 푸른 잎 피워 올리고
온봄달 열사흘 각시 태어난 날을 기려
붉은 꽃내 활짝 피어 올린 꽃빛 뜻살
똥 묻은 버시 챙겨 잘 닦아 주고 씻긴
섬김살이 삶 높이 산 하늘의 뜻일지라
무지개달맞이 부활절 온누리 꽃낭구가
힘든 이웃들 위해 베푸는 들꽃 잔치에
집안 마당에 각시가 물 주어 애써 가꾼
철쭉 붉은 하양 보라 노랑꽃 흐드러지게
물과 햇빛과 바람에 꽃내를 빚은 꽃낭구
꽃동이 마다 빛깔 다른 옷 갈아입히는 따듯한 손길.

딱 한 찰만 더 날아올라라

꽃잎, 찬 이슬에 질까 봐
꿀물 코 박고 젖은 날갯짓

그만 날아올라라, 나비야

죽음조차 꽃내로운 꿀호림
달가림 호림에 끌린 월궁항아

신라 진흥 진지 진평왕 태자동륜과 화랑들
맘얼 빼앗아 무너뜨린 게염불 미실의 꽃내

딱 한 찰만 더 날아올라라, 나비야.

* 게염불: 욕망, 맘얼: 정신, 꽃내: 향기.

국화꽃무늬 다리미

국화꽃 무늬가 새겨진
조선 정경부인이 관복 다린 듯한
무쇠로 만든 손때 묻은 다리미 하나
윤 선생 옛몬고섶대에 앉아 쉬고 있네
가슴에 이글대는 숯불 품어 안고
따스한 마음 씀씀이 옷을 다리신 어머니
칼날 주름 세운 아버지 세모시 중의 적삼
하늘 나는 듯 나들이 가시던 아버지처럼
세모시 중의 적삼 입고 날아 보고픈 옛 하늘
만날 구겨지고 주름진 우리들의 찌든 삼듬
어머니만 살아 계신다면 좍 다려 주실 텐데
가슴에 잉걸 숯불 품고 주름살 누가 펴 줄지
언제고 나타날 참 주인을 기다리는 국화꽃 무늬의
다리미, 손잡이 잡으니 손끝에서 실핏줄 타고
찌르르 가슴 울리는 달구름 무게 느낌이 좋네.

* 옛몬고섶대: 고물상 선반, 맘놀: 정, 달구름: 세월

조선왕조 대바람소리놀

즈믄나달의 소릿결 흐르는 경기전 뜰
대나무 칸칸이 골방에 든 한얼맘 선비
글 읽는 소리 은은한 완판본의 옛살라비
태조 이성계가 왜구를 무찌르고 쉬어간
오목대 등에 지고 하늘을 나는 기와지붕
초상화 임금들 얼 깨우는 처마 바람방울쇠
글놀랑 읊놀 진양조가 꺾어지는 대숲
한듬삼 깊은 생각 늘 푸른 선비더러
"노마로 갈라진 나라 한통 어찌 풀겨?"
솟을물음에 대 바람 서린 화랑도와 세종 맘얼
닷즈믄 해 휘감은 서슬 푸른 대바람소리놀.

* 대바람소리놀: 대 바람선율, 즈믄나달: 천년세월, 한얼맘: 한겨레정신, 옛살라비: 옛고향, 바람방울쇠: 풍경, 글놀랑: 시인, 읊놀: 시조, 한듬삼: 하늘을 품은 삶, 솟을물음: 의문, 소릿결: 소리흐름, 맘얼: 정신, 소리놀: 음악.

죄낮은쌂

나이 예순다섯 고비를 넘어 없는 일자리 겨우 얻어
달에 육십만 원 씩 받기로 말다짐 뒤 다짐글을 쓰고
새벽같이 일터로 달려간 빗자루 같은 섧마을 지킴이
잠도 자지 마라 낮밥도 도시락 가져 와 먹어 그러고는
밤 낮 없이 일하다 피곤하여 잠시 졸면 존다고 트집
가끔 피치 못해 낮밥 때 밖에 나가면 나간다고 트집
도둑 들어 털어갔다고들 오줌 똥 안 닦는다고 트집
가물어 메마른 꽃낭구 물 빨랑빨랑 못 뿌린다고 트집
이래도 트집 저래도 트집 여섯 달 만에 쫓겨난 트집
골성화 치밀어 노동청에 죄낮은쌂 받기 쏘개질글을 썼다
"죄낮은쌂에 맞추어 돈 받을 수 있게 해 달라 종잡은
때품 밖 일에 일품 삯을 받게 해 달라"
노동부 여직원이 까락까락 따져 셈을 놓아보고
이백만 원 가량 못 받았으니 돌아가 기다려 보란다
며칠 뒤 노동청 부름을 받고 달려가니 서로 금 맞출 뜻
없느냐 금 맞추려면 얼마나 받을 것인지 묻는 물음에
육십오만 원 받기로 한 법에 없는 맘듬 말다짐 땜에
오십만 원만 받아 달라고 뜻맞춤글 도장을 찍고 나와서
대폿집 호박꽃 붙잡고 치민 골성화 미주알고주알 생트집
오십만 원만 받고 풀어줘 금맞춤 우리 일꾼들 죄낮은쌂
노동법이 물러 안타깝네.

버시 넣어 돌리는 새롬빨래틀

빨래 잘 허는 버시가 예쁨 받는 각시사랑
삶을 살다 때 묻은 옷 수건 양말 속것 런닝구 걸레
빨강 파랑 노랑 풀빛 보라 하양 잿빛과 검정 빛깔
빨랫감처럼 버시 넣어 돌리는 새롬빨래틀
번기 꼽고 물의 땃금물 물높이 높낮이를 골라
가온자로 놓고 물비누 풀어 돌리는 저절돌 빨래
하나님 뵈올 때 입고 갈 티 없고 때 없는 흰 옷 한 벌
비손 올린 거룩물 한 동이 부어 함께 빠는 씨넋덜 빨래틀
제 빨래는 제가 빨아야 밥 한술 제때 얻어먹는 모듬살이
빨래틀 흙장아치 암내 묻은 빨랫감 쑤셔 넣고 들숨 날숨

돌단숨쉬기 날 숨 길게 들숨 짧게 몸맘 털털 털어
빨랫줄에 걸고 바람결에 하얗게 말라가는 이순의 나이테.

* (20쪽)죄낮은삯: 최저임금, 말다짐: 약속, 다짐글: 각서, 섶마을: 아파트, 골성화: 울화, 쏘개질글: 고소장, 때품: 시간, 일품삯: 일당, 맘듬: 양심, 뜻맞춤글: 합의서, 낮밥: 점심,

* 버시: 남편, 빨래틀: 세탁기, 번기: 전기, 땃금물: 뜨거운 물, 저절돌: 자동, 거룩물: 성수, 씨넋덜: 영혼. 돌단: 단전

빨자빨자빨자 쪽쪽

빨자 빨자 빨자 쪽쪽
빨아야 할 것은 모조리 빨자 쪽쪽
말간 속살 보일 때꺼정 빨자 쪽쪽

널판에 떨어져 붙은 더럼몬
온 누리 구석구석 묻은 때
씨넋덜 괴롭히는 죄허물도

물결치며 씻겨 맑아진 엇물
밑바닥 말갛게 비칠 때꺼정
첫사랑 입술 빨 듯 빨자 쪽쪽

마루듬, 살림듬, 듬갈, 모듬 새얼이라든가
때 묻어 돌아가지 않는 몬게염의 마루 먼지
배곯은 젖아기 젖 빨듯 빨자 쪽쪽

빨고 빨고 빨아내자 쪽쪽
빨아야 할 것들 늘어나는 가시버시
빨아도 못 지운 얼룩진 맘속 빨자 쪽쪽.

* 마루듬: 정치, 살림듬: 경제, 듬갈: 과학, 모듬: 사회 새얼: 문화, 몬게염: 물욕, 마루: 기관, 엇물: 감성, 누리공: 지구

깡통 소리놀

빛때깔 고운 글놀 빚으려 맘을 비우네
깡통삼듬 깡통소리에 끌려 짐수레 끄네
새벽길 떨어진 깡통 집어 쓰설이통에 던지네
깡통끼리 부딪쳐 나는 울림 맘에 닿아 우레 치네
바다 헤집어 고등어 야기풀 빈 깡통을 채우네
뫼 뿌리 흔들어 즈믄산삼 옛야기풀 깡통을 채우네
깡통에 별님달님 채우면 채울수록 소리가 죽네
빈 깡통 울림가락 소릿결 다른 가락을 빚네
깡통도 길눈 있고 맛듬 멋듬 소리못 있네
가야금소리 이끌린 새떼 깡통소리에 쫓기네
새끼덜 다 떠나보낸 가시버시 빈 깡통 찼네
글놀랑 빛때깔 가난해 늘 빈 깡통이네
깡통계좌 빈 깡통 울림소리에 잠 못 이루네.

* 빛때갈: 이미지, 쓰설이통: 쓰레기통, 야기풀: 소설, 소리못: 음정, 뜻살: 의미

수소풍선 끌고 나는 하늬바람

한가위 지나 청사초롱 밝히고
집 떠난 아들 삶품 흐르는 집구석
구석 먼지 낀 자리 털고 쓸고 닦고
아들 목소리 지우려 애써 잠을 바라도
잠은 오지 않고 귀 기울여 보는 문밖
마음놀 빈품 울려 뚜벅 뚜벅 뚜벅
뀌뚜라미 울음 괜한 부아풀이도 뚝
얄미운 세 딸 눈물로 시집보낸 가시버시
맘붙이 귀염둥이 앗아간 귀여운 며느리
무거운 어깨 짐 벗고 홀가분한 몸맘
먼 나들이 수소풍선 끌고 나는 하늬바람.

* 빈품: 공중

새물, 새물내기

가난이란 이름표를 단 글놀랑
대나무 빈속 울림 읊놀소리처럼
속을 비워야 새물내기 얼굴 빼어나는
예수는"마음이 가난한자 하늘이 저희 것이요
마음이 정갈해야 하늘을 볼 것이라" 했거늘
종소리 나무고기소리 바람방울쇠 장구소리 북소리
방구소리 빈속 울림 가락을 붙이는 멋씬이처럼
큰 뜻을 품고 비손 올리는 이, 귀를 활짝 열고
사람의 목소리뿐 아니라 눈에 안 보이는 작은
삼시랑들 목소리라도 삶의 소리에 맞울림
마음 텅 비우고 새물, 새물내기 빚으시라.

* 바람방울쇠: 풍경, 멋씬이: 예술가, 삼시랑듬: 생명, 새물내기: 창작, 맞울림: 공명

새뜻한 솟을물음

온가을달 초이레 아침
밤을 새운 눈 그치고
창문에 비친
배롱나무 가지에
작고 귀여운 새
포르르 날아 와
목소리 새뜻한 솟을물음

문풍지 울리는 바람소리처럼
안방 못 알아차리게 숨죽여
속삭이듯 그렁그렁
운 여리디 여린 그새
그새 꽃잎 진 빈자리 푸르름 채우는 수꿈
그새 풀숲에 맘바람 꽃등을 다는 여름
그새 생김살이울 물 마른 가지 끗 날아간 맘우렌새.

* 솟을물음: 의문, 새뜻한: 창의적, 온가을달: 9월

허리에 쌓인 무게

들여름달의 쓰설이장을 뒤지다가
쓰설이통 속 비싸 보이는 겉옷 한 벌
새롬빨래틀집에 맡겨 깨끗이 다리미질
선물 봉다리에 넣어 각시에게 바쳤더니
품이 조금 크다고 다른 옷으로 바꾸라네
벌이 없는 남자와 살며 허름한 옷 걸치고
힘든 삶 사는 각시 호강시켜 보려다 그만
빚을 얻어 비싼 새 옷 한 벌 사 바꿔 입히고
빚 갚느라 허리에 쌓인 무게로 허리뼈 삐끗
허물어져 며칠 물리치료 받으며 벌서네.

* 들여름달: 5월, 새롬빨래틀집: 세탁소

제2부 천지연 쏠물

천지연 쏠물

제주시 서귀동 973의 1번지 천지연 쏠물은
한라산 삼시랑 뿌리에서 흐르는 삼얼 사랑물
한라산이 골마리 까고 마쪽바다에 쫙 갈기는
사랑물 줄기 파도쳐 출렁출렁 흔들리는 쪽빛바다
한라산에서 나무랑 풀꽃 열매로 맺혀 살다가
하늘에 닿아 물결치며 들끓는 바닷놀에 끌려
바다에 떨어져 짠물과 한통 이뤄 품은 물 고기떼
짠물에 섞였어도 물은 물 삼시랑 품 자궁이라
마쪽바다가 불붙어 활활 타는 게염불 탱글탱글
싹쓸바람 우우우 달리다 하늘로 쳐드는 물기둥
딴방 쓰던 가시버시 몰래 엿듣다 끌안고 훙얼훙얼
황조롱이도 하늘 높이 떠 몰래 사랑앓이 꾸룩꾸룩
사랑맘 푸르게 젖은 한라산과 마쪽바다가
끌고 밀고 미친 듯 치고받는 사랑앓이.

* 마쪽: 남쪽, 삼얼: 삶의 정신, 사랑탈: 상사병, 게염불: 욕망, 싹쓸바람: 태풍.

가시버시 여름지이

들여름달 비 끝 가시버시 여름지이 손 맞추었네
남부시장 씨앗가게에서 천원에 산 고추모 열 그루
새로이 차멈곳 만든다는 팻말 세운 예수병원 땅에
잡풀 뽑고 흙 고르고 쳐올려 밭두둑을 만들고
밑거름 한 사발 씩 넣고 한팔 간격 나란히 가시는
호미로 흙을 파 심고 버시는 고추모 뽑아 건네고
꼭꼭 밟고 허걱허걱 물 몇 동이 길어다 뿌렸으나
어쩌면 열매 거두지 못할지 모를 남의 땅 짓기
고추모 꽂아 심는 멍청한 가시버시의 여름지이
그나마 제 때 심지 않으면 거둘 것 없는 여름물
언제 제 땅에 맘 놓고 씨 뿌릴 날 있겠느냐 외치며
일터를 달라는 새내기 걸개글귀 소리치는 이 땅의
젊은이들, 청양고추 매운 맛 불 붙어 타 오르리.

* 들여름달: 5월, 여름지이: 농사, 차멈곳: 주차장, 개글귀: 프랑카드, 모듬살이: 사회생활

온새미 "털털이"

아내가 늘 노래 부르는 온새미 "털털이"
한겨레 전라도 토박이말처럼
할아버지 아버지께서 대물림
온새미 닮아가는 아들더러 제발
아빈 닮지마라닮지마라 그러덩만
항아리 오래 묵힌 막걸리 맛 나는 "털털이"
허물 벗듯 옷 벗고 나가는
온새미 닮아가는 아들이 걱정되어
갓 시집 온 며느리 손 꼭 붙잡고
삶결 풀맺음 하는 시어미 맘바람
가시버시 삼년 얼굴꺼정 닮아 가노라
속 끓지 말고 온새미 따라 살라 이르지만
셈얼 발 빠른 바둑 솜씨 글놀 소리놀 솜씨
솔바람처럼 새로내 가락을 빚는 멋씬이
거짓 없는 털풍이 삶품 닮아도 괜찮네.

글놀, 소리놀기림

온고을 맑은소리 다부름뜸 목대잡이 김 교수는
하나님 앞에서 목대봉을 잡고 휘두르며
새 울고 꽃 피는 새뜻한 소리를 바라지만
소리놀 익히지 못한 믿는 이로 이루어진
다부름뜸 늘 하늘에 안어울림소리 올리네
그러나 김 교수는 늘배움으로 소리놀 본데
연거푸 가르치며 가락에 혼불을 놓자고
아이우에오 오에우이아 가락을 다듬고
낱말 하나 토씨 하나라도 베풂맘 따라
하나님 기뻐하는 소리놀기림 올리자고 하소연
여러 찰 수 없이 되씹어 부르고 또 부르네
김 교수의 목소리를 흉내 내다가 맘이 뭉클
목소리가 하나로 모아지면 기뻐하는 목대봉
글놀랑이 글놀 쓸 때도 이처럼 여러 찰
셀 수없이 생각하고 고치고 다듬다 보면
낱말 하나 토씨 하나 가락이 생기고
소리에 맞울려 삼얼글놀 맘이 우레칠런지
김 교수는 목대봉 들고 글놀랑은 붓끝으로
기쁨의 가락 하늘에 올리려 해도 늘 허방이나
하늘맘 울리는 멋씬 새물내기 올리겠다네, 기어이.

참마의 누렁 땅꽃내

돌담 타고 푸른 잎 기어오른 울안 참마의 누렁 꽃
조선의 섞갈림 길에서 잃어버린 정읍사의 맘사람
달구름 속에서 검찰에 끌려 나와 캐밝글을 쓰고
무거운 허물 벗으려고 무릎 꿇고 덧 쓴 다짐글
하나 누렁 꽃 땅꽃내 담 너머 풍기지 말 것
둘 담 밖에서 어쩌다 마주쳐도 아예 아는 체 말 것
셋 꽃바람 소리 사귐 춤판 아예 짝 짓지 말 것
넷 손번깃통 글자 두드려 보내 놀래 키는 짓도 말 것
정읍사 맘사람더러 뉘우치는 맘놀 쓰라 그러니까
누렁 꽃 땅꽃내 하도 그윽하여 저도 몰래 끌려간 허물
허물 있다면 나비처럼 달콤한 맛에 홀린 숨피돌이적꼴
품은 허물 꽃내에 끌린 허물 모습을 꽃 속에 숨긴 허물
죄다 물어 왕거미 포승줄 묶어 가시면 훨훨 날 나비도 없겠고
울밑에 피어 날 꽃도 없으리란 맘의 읊놀 써 주었더니
글놀랑이란 괘씸 허물하나 더 붙여 울 밖 들숨 날숨
긴 목 따르릉 울리는 목걸이 하나 덜커덩, 힘겨운 옥살이.

* (34쪽)다부름뜸: 합창단, 목대잡이: 지휘자, 목대봉: 지휘봉, 소리놀: 음악, 안어울림소리: 불협화음, 글놀랑: 시인, 삼얼글놀: 얼이 살아있는 시, 허방: 허탕, 소리놀기림: 경배찬양. 멋씬: 예술, 새물내기: 창작품.
* 섞갈림길: 미로, 맘사람: 정인, 캐밝글: 조서, 손번깃통: 손전등, 숨피돌이적꼴: 생리 현상, 읊놀: 시조

민꽃덮이 텃밭 여름

부리 사나운 새 한 마리 날아와
앉은 텃밭머리 민꽃덮이 잎사귀

민꽃덮이 다른 열매보다 먼저 익어
짓무른 마음 조각조각 새가 쪼아
피 흘리며 찢긴 민꽃덮이 속살

새 부리에 빵 뚫려 붉은 속 드러낸 민꽃
따뜻한 혀로 핥는 햇살과 헌디 싸매며
덧나지 말라고 호호 불어주는 하늬바람

여름열매 새에게 바치고 빈손 털털 턴
자식 여름꺼정 망친 철수네 민꽃덮이

* 민꽃덮이: 무화과, 여름지이: 농사

꽃잉걸

자람골 모퉁이길
탱자가시 울 너머
붉빛돌처럼 붉게 타오르던 꽃잉걸
빛돌에 눈 먼 젊은이들 맘을 찢은 탱자가시

자람골 모퉁이길 탱자울 사랑탈 새 한 마리
울음 울 때마다 불꽃 붉게 타오른 꽃잉걸.

* 꽃잉걸: 석류, 자람골: 고향, 사랑탈: 상사

봄똥

두께두께 언 얼음 속에서도 푸르게
잘 견디고 질기게 살아 난 숨결

지난 가을 쓸모없어 뽑지도 않고
밭에 버리고 잊어버린 못난 것들

어찌 견디었는지 묻지 않아도 뻐언 해
버려진 게 서러워 오기로 버틴 고집불통

힘껏 이기고 살아 난 오기 푸르고 올곧아
거시기에 좋다고 저녁 밥상에 올려진 쌈

밥상머리 뻥 둘러앉은 가시버시와 아들 부부
쌈밥에 으적으적 씹혀 살과 뼈가 된 거룩맘.

도둑 따라 간 동백

들킬세라 산속에 세 해 째 몰래
키운 동백 한그루 도둑 따라 갔네
언제 누가 어디로 왜 데려갔을까
저자에 팔아 뜬돈 챙기려는 건지
꽃 피워 꽃내 즐기려는 속셈인지
지난 나달 달빛 비춰 별빛 비춰
쏟은 사랑맘 꽃내로 피우려는 동백
아쉬워라 어디가야 찾을 수 있을지
암이 몰래 키운 동백 도둑 따라 갔네
누구 집에 간들 어떠리 꽃잎 붉게 피워
그놈 훔치는 버르장머리 꽃내로 씻겨라.

* 꽃내: 향기, 사랑맘: 애정

썩어 있는 고구마덜

서리 날, 찬 서릿발
비틀어진 고구마줄기

햇빛 한 자락 물 한 모금 더
얻어 피붙이 먹여 살리자고
온 땅 낮게 엎드려서 기는
삼천리에 뻗친 고구마줄기

뻗침 하늘을 뚫지 못한 줄기가
내 방 구들장 뚫고 잠든 꿈속에
한 알 덥석 안긴 둥근 왕 고구마
태기 있다고 번기통 울린 며느리

땅속 깊은 삼듬 알알이 맺히다
째지고 곰보진 나달의 고구마덜
한여름의 꿈놀 새긴 다디단 맛듬
고구마 순에 묻고 기다린 여름지이

햇빛 싫어 땅속에 묻힌 굼벵이
불쌍해서 제 살 먹여 살린 삼듬
살 썩는 아픔 애써 참아온 여름지이
참은 만큼 검게 썩어 있는 고구마덜.

별, 외마디소리

푸른 마음에 박힌
별 하나 눈 아프게 그린
쉰 고개 넘어 선 암이
한 눈 파는 눈깜짝새
외마디소리로 사라진 별
별나라 오작교 건너는 암이
암이 손 종잡고 춤추면
소용돌이로 빨려드는 느낌새

별빛 빛나는 내 작은집 어딜까
헤아리는 밤하늘의 별자리.

* (40쪽)서리 날: 상강, 여름지이소리결: 농부가
* 눈깜짝새: 잠깐 동안, 느낌새: 감득/알아차림, 암이: 여자

할미 손수레 눈 빠지게

온고을 용머리 고개 너머 여럿살림집 고샃
손수레 끌어 되쓸몬 모으는 퍽 늙은 할미
왼쪽 다리 끌며 다시쓸몬 찾아 헤매는 길목
한발 늦어 발 빠른 이가 먼저 주워 간 빈자리
그늘진 곳에 허리 펴고 쉬다가 못 채운 빈 수레
할미 빈 수레 안타까워 빈짝 하나 던져주면
좋은 사람 만나 발품 덜었다고 기뻐 웃던 할미
접힌 보릿고개 넘던 우리 할머니처럼 골 깊은 주름
다시쓸몬 모아 다리 아픈 할미 돕기로 떠올린 생각
무엇인가 이제 할 일이 생겼다는 흐뭇한 마음으로
고샃에 버린 빈짝 찾아다니며 하나 둘 모아 놓고
온봄달 달력 넘기고 눈 빠지게 기다린 할미 손수레
날이 저물어도 오지 않고 봄비에 추적추적 젖는 빈짝.

* 되쓸몬: 재활용품, 온고을: 전주, 온봄달: 3월, 빈짝: 상자

열즈믄바다가 속살 헐어 빨긋빨긋

바람 끝 날개 세운 석미친 바다가
하양 갈기 날리며 하늘하늘

아니리 아니리 아니리

조기떼 몸 풀데 없는 열즈믄바다가
흐물흐물 속살 헐어 빨긋빨긋

아니리 아니리 아니리

몸 비빌 갯벌 사라지는 바다가
물막이 틀에 부딪쳐 아야 아야

아니리 아니리 아니리

일본 쓰나미 쓰레기섬 가슴에 올려 논
바다가 살이내 맘얼 철석철석

아니리 아니리 아니리

우주의 수레바퀴 달구름에 달아올라
맨틀끼리 부딪친 불바다가 야올 야올

아니리 아니리 아니리.

* 아리울: 새만금, 땅우레: 지진, 온하늘: 우주, 맘얼: 정신

나무나라 입소문

멧갓 산지기 산새가 애고애고 우네

〈덕태산 가슴 물어뜯는 포클레인〉
덕태산 헐려 헐벗고 앓아 누었네
하늘 치솟은 갈비뼈 속살 드러낸 안찝
어이없이 웃다 울다 소리치는 하늘의
물골 붉은 피 물드는 에덴의 샘물시내
물골 웅덩이 멱 감던 어린 딸아이 솟을물음
〈산 지키는 구렁이가 다쳐 피 흘리지, 그치〉
멧줄기 무너지고 하바다 막힌 세걸음한절에도
숨죽이던 산새 제 둥지에서 뽑힌 나무뿌리 막
허무는 덕태산 허리 날개로 감싸며 시끌짝짝
〈덕태산 새집 허물고 사람집 짓는다네〉
숲속의 나무들 귀 쫑긋 열고 바람바람
나무나라에 주저리주저리 퍼지는 입소문
하늘이 듣고 소낙비 내려 힘을 주는 겨
〈말릴 힘없는 글놀랑 하늘에 비는 쏘개질글놀〉

산메아리 씨넋덜 묻힌 덕태산 휘감아 맘바람새 우네.

* 주: 솟을물음: 의문, 쏘개질: 고발. 세걸음한절: 삼보일 배

람사르, 맘바람 새

온고을 휘감아 흐르는 세내 시냇가 뒤 뫼 고요한
소나무 숲 하늘 쪽 람사르 큰 마당 새들 모이네
강 건너 훨훨 뫼뿌리 소나무 가지에 곧추 서
옷깃 여미는 흰 옷 입은 한겨레 높 선비 얼맘
세 걸음 한절 보다 더 애 타 맘바람 올리는 새
독에 날개가 젖어 더 높 널리 날 빈널 없는 하늘과 땅
말없음표로 앉아 하늘나라 도움 바라는 삼듬살이 비손
다짐 찬 맘가짐 더 높이 날아오르고 싶은 흰옷 하늘덜
나들이 드늙나무 가시버시 거닐길 멈추고 맘우레 짝짝짝
엄뫼 품 떠난 샘물시내도 떠들썩 물길 깊어지는 만큼
생각도 깊어지네.

* 엄뫼: 모악산, 맘바람: 소원, 얼맘: 정신, 빈널: 공간, 비손: 기원. 세내: 삼천

제3부 생김살이울 세클다춤

생김살이울 세클다춤

세발밝새 발톱 숨긴
세클다 깃발 올려
불 뿜어 오리는 밝새
셈새얼 셋은 빛과 어둠
하나에서 아시한 301
301이 세 찰 쌓인 열두세기듬
177,147의 닷셈수와 열두 가락(자축인묘신유술해)
하늘과 땅과 사람 사이 흐르는 삼시랑듬의 온하늘
때곳품 길턱을 부치는 세발밝새의 세클다 부채
한듬삼 글가락 하나둘셋 늘가락 부쳐 이는 바람결 누리
물결치는 삼시랑듬 삼얼 부르는 아리랑 춤
멋씬이와 어울릴 온봄 춤놀 나비 바삐 날아
세클다 춤추며 세셈새얼 헤아리는 생김살이울.

* 세발밝새: 삼족오, 세클다: 3태극, 셈새얼: 수문화, 닷셈수: 오행수, 열두세기듬: 12진법, 삼시랑듬: 생명, 온하늘: 우주, 때곳품: 시공간, 길턱: 도리, 한듬삼: 하늘을품은삶, 생김살이울: 생태계, 멋씬이: 예술가, 온봄: 3월, 춤놀: 춤사위. 삼얼: 삶의 정신, 세셈새얼: 삼수문화

맘다독 편지

풀꽃 아슴아슴 눈 지그시 감고 되새김질 하는 글놀랑 아우야
우리 아버지 술 취해 신태인 태인 원평 금구 닷새장 장짐 싣고
아버지 육자배기 나름 가락 워낭소리로 장단 맞추며 덜컹덜컹
수레를 끌면 별빛 빛살 따라 걷고 걸어 닭 울어 돌아온 장돌뱅이
텃논 뒷골 뱀이 말랑밭 산지동밭 이리가라 이랴 저리가라 끌끌
끌려 댕길 때품이 좋았지 논밭 닷새장 일감 다 잃고 목멘 소우리
날마다 여물이나 새기고 할 일 없어 먹고 살만 디룩디룩 찌고
뼈의 힘 떨어지니 저승사자 우우우 몰려와 물어뜯기는 아우야
돌림탈구실 눈물바람 땅속에 파묻힌 소씨네 형 아우 누이 씨넋덜

밤이면 땅을 치는 울음소리에 잠 못 이루는 한겨레 탈떠퀴

한얼 업동이 살려달라고 맘속밝달 올라가 올리는 눈물진 비손

더럼탈까 소울 가까이 못해 애 타 너에게 쓰는 맘다독 편지

누리공 아들딸 아시 젖 먹던 힘 끌어올린 쇠뿔 뚝심 치받고 이겨라.

* 맘다독: 위문, 때품: 시간, 씨넋덜: 영혼, 맘속밝달: 마음의 신전, 탈떠퀴: 액운, 돌림탈: 전염병

동짓날 헤덤빔

동지를 헤매다 어머니 맘 얼어붙었었네
뿌리가 얕은 삼듬 실핏줄 얼어 터졌었네
물 흐름 굴길 방한복 구직포로 동파를 막았네
마쪽과 노쪽으로 난 내단문 꽁꽁 얼어붙었네
아빠가 열나 열어 논 우리 집 내단문 얼어붙었네
엄마 아빠 아들 딸 찬 방 꽁꽁 얼어붙었네
동짓달 긴긴 밤 번기 없어 어둠 끌어다 덮었네
에스키모집 엄마 서걱서걱 얼음조각 씹고 있었네
아빠의 우황청심환 한 알 엄마를 겨우 살렸네
걸핏하면 공습경보 울리고 삼듬 굴길 찾아 숨었네
노쪽 에미나이들 깊은 굴길 파고 어둠속에 숨죽였네
이제 그만 햇빛에 나와 웃고 살자 그래도 말이 없네
동지 헤메다 언 모실맘 풀리기를 늘 비손 올리네.

* 헤덤빔: 미망 내단문: 창문, 번기: 전기, 모실맘: 성심

하나님 주시는 새물

하나님 주시는 비는 늘 새물이다
섬진강 윗흐름 새물 맡은 물고기
낚시 드리우고 달구름 낚는 낚시꾼
찌야 솟든 말든 맘 끌리는 강 건너 불꽃
새가 나래치는 맘얼, 스치는 구름 한 끗
꽃내 호림 나비 등 오를까 벌 등 오를까
청사초롱 걸고 립스틱 칠하는 산마을 처녀들
새물 느낌 멋씬이 새물내 풍기는 그림바리
먼 나라 색시맞이 돈 벌이 없는 노총각들
새물에 홀린 물고기처럼 신나는 봄 꽃놀이
흘레짓 바쁜 하늘이 산속이 바다나 강물이
새뜻한 생각 새물을 찾는 이들의 배움터다.

* 윗흐름: 상류, 게염불: 욕망, 달구름: 세월, 맘얼: 정신, 멋씬이: 예술가. 그림바리: 풍경

훈민정음 끌맛

훈민정음 홀소리 열한 자 닿소리 열일곱자
말셈머리에 빚은 늘 푸른 우리말 삼얼
푸른 빛때깔 대 바람 소릿결
때곳품 얼개를 빈 새뜻한 생각
우듬지싹을 고르고 새긴 맘글놀
토박이말 뜻풀이를 불쏘시개로 이글이글
타오르는 끌맛 나는 세클다 무늬의 판그림
사람과 사람의 뜻을 통하여 나라를 이루는
첫소리 가운데소리 끝소리에 숨은 말뜻을
톺아보고 캐묻고 솟을물음 새김질하여
토박이말을 살리는 우리말의 사무침

맘놀 소리마당
하늬바람 한가락
꽃잎 떠 올린 한듬삼
온누리에 풀어내는 꽃내
한 맺힌 한얼 아니리 아니리
제비 후린 권삼득의 판소리 더늠
소쩍새 울어 꽃잎 피고 지는 온봄달
달구름 칼날 세워 쓰는 한뉘 새물 글놀
토박이말을 부려 쓰는 한말글 맘얼.

삼듬 뜻살낌

어머니의 자애로운 손길로
헌디 약 발라 고치신 상흔
어버이날 가슴에 닿아 쓰리네
삼시랑듬 눈 틔워 깨우치려고
이틀 밤낮 바삐 빗물 펑펑펑
빈 그릇 채우시는 하나님 닮아
물불 가리지 않고 목숨을 바쳐
먹이고 입히고 가르치신 어머니
당신은 떡잎 밀어 올리는 바람
당신은 꽃잎 피워 올리는 햇살
가지 끗에 그리움으로 활짝 핀
들여름달 꽃내로운 삼듬 뜻살낌.

* (50쪽)맘얼: 정신, 빛때깔: 이미지, 때곳품: 시공간, 우듬지싹: 도설, 삼얼: 생성의 정신, 톺아보다: 조사하다, 한듬삼: 한겨레의 삶, 꽃내: 향기, 온봄달: 3월, 달구름: 세월, 새물: 새 작품, 맘얼: 정신
* 삼듬(삼시랑듬): 생명의 삶, 뜻살낌: 도드라진 의미, 들여름달: 5월

비바리의 초경

눈길에 푹푹 발이 빠져
더디 오시는 들봄달 새각시
통영에서 배를 타고 한 때품
소매물도 문 닫은 초등 배움터 울 밖
초등 배움이 비바리 딸년 울린 꽃마음
마하바다 울렁이다 비친 비바리의 초경
한온곶 청사초롱 밝히고 건너는 즈믄바다
때품 기다리기 갑갑따분한 한겨울 몸풀림
동백처녀 출렁이는 쪽빛바다 맑은 소리놀
동백나무 애써 가꾼 마음마다 걸린 청사초롱.

* 때품: 시간, 한온곶: 한반도, 소리놀: 음악, 비바리: 해녀 처녀

금강마루 춤판

금강 강어귀 둑은 철새의 춤판
바다건너 한 무리 가창오리 떼
푸른 하늘마루 떼구름 이루는 춤사위
갈매기의 소리놀 드럼 치는 하바다
철새관망대 망원경으로 눈여겨 바라보니
갈대 사이로 쇤고뿔 걸린 오리 한 마리
무리춤 끼어 하늘마루 맘껏 헤집고 싶어
애가 타 그 맘뜻 이심전심 나도 애가 타
먼 땅에서 바다건너 쉬지 않고 날아 와
해마다 금강 강어귀 둑에 펼치는 철새의 춤놀
하늘하늘 날지 못하고 쇤고뿔 걸린 가창오리
날 수 없는 네 모습도 딱하지만 쇤고뿔 두려워
구경꾼 못 오는 금강 마루 춤판 같은 슬픈 그림바리.

* 마루: 무대, 소리놀: 음악, 무리춤: 군무, 쇤고뿔: 독감

뱀사골 물바람

다리뫼 뱀사골, 복더위 뱅이 넘어 골짜기 샘물
즈믄길 물속 저품 푹 빠진 쉴 겨를철 시원맞이손

나무와 나무 사이 친친 감아 올린 넝쿨살이 울
푸른 머리카락 늘여 햇빛 가린 야릇한 숲얼굴

엄뫼 맑은 얼기 쏟아 얼음맘 깨우는 올곧은 물맘
찬 기운 바윗돌 부딪쳐 쇠 소리 나던 어머니 말씀

다리뫼 하늘봉 구름 오름 풍류 가락이 "쏴아-쏴아"
뱀사골 물바람 "아쉬 아쉬" 낙동강 아시샘물 흐르고

구름 타고 마하바다 나들이길 하늘곳 높은 어르신
골마리 까고 "쏴아" 하늘물 샤워하는 시원맞이손

다리뫼 뱀사골, 며칠 냄새 나는 신발 푹 담가 두면
오래 묵은 땟국물 쏙 빠져 팡이탈 걸릴 일 없으리.

* 얼음맘: 빙심, 물맘: 수심, 팡이탈: 습진

물너울 비손

봄처녀 따뜻한 손길에 머리끄덩이 잡혀
울 밖으로 끌려가며 몸부림치는 얼음여자
삶품 허물 회오리쳐 말아 올리는 바람끗
물오른 나뭇가지에 잡혀 덜덜 떠는 빈널
봄처녀가 이승에 데불고 온 노랑병아리
삐악대며 꽃내 나래 쳐 오는 흰 빛때갈
삭정이지는 나무 맘 따뜻해지는 느낌듬
봄 아지랑이 길 노랑병아리 따라 세내
엄뫼 품 떠 사미르강 낮은음자리표로
하바닷물 하늘로 뻗친 물너울의 비손
"봄처녀 품을 한온곶 삼얼 주소서"

* 빈널: 공간, 삶품: 생활공간, 꽃내: 향기, 빛때깔: 이미지, 엄뫼: 모악산, 세내: 삼천천, 사미르강: 만경강, 하바다: 서해, 한온곶: 한반도, 삼얼: 삶의 정신

계염불

부랄 밑이 얼어붙는 강추위 비껴
힘들게 아파트 오름 섬돌 오를 때
수건 둘러쓰고 신주를 닦는 여자
옆을 비끼며 미안해 숨 가쁨 참네
가시가 애써 차린 밥상 다 비우고
빈 그릇 물통에 담아 놓기 미안해
수세미로 깨끗이 씻고 행주로 닦네
가시가 새롬빨래틀 돌려 구정물 빨 때
괜히 미안해 빗자루로 방 먼지를 쓰네
달님이 바닷물 들숨 날숨 장난치다 들켜
누리공여자가 달을 깨물어 쏟아진 하늘물
계염불 빛때깔 지우려다 끝내 못 지우고
섶마을 바깥섬돌 쓰니 더런 맘 닦이네.

* 계염불: 욕망, 빛때깔: 이미지, 새롬빨래틀: 세탁기, 섬돌: 계단

임 오리란 말다짐

닭 울음 때맞추어 어둠 숨죽이며
쓰설이통 쓰레기 뒤지는 붉은 치마
벌이 없이 산마루 달 따러 간 남근은
산 오름 한 풀 듯 산울림 피리소리만
아들 하나 딸 셋 부러움 없는 여름지이
제멋대로 커 나뭇가지 휜 구멍 난 울안
한나절은 쓰설이꾼 한나절은 머슴살이
밤늦게 시끄런 새롬빨래틀 돌돌 돌리는 여자
쉰고뿔 옮은 새 한 마리 기침 콜록대는 하늘
눈밭을 달리던 산타 바퀴 빠진 눈구덩이길
몫 돈 쥘 소우리 덮친 구제역의 여름지이
손수레에 실린 헌 종이처럼 빗물 젖은 장애인
임 오리란 말다짐 때문에 눈물 나도 참는다.

* 말다짐: 언약, 새롬빨래틀: 세탁기, 여름지이: 농사

바람방울쇠

하양 눈 이불 덮고
고요히 저무는 엄뫼
하양 꽃잎 피우는 겨울나무
나뭇가지 흔드는 갓밝이 종소리
나무고기 울음 눈꽃 떨구는 하늘
메울 아래 집집이 소우리 혼불 켜고
구제역 물리치려는 워낭소리
열 즈믄길 저 슬픈 소리가락
눈망울 가득 눈물 그렁그렁
밤새워 비손 올린 바람방울쇠.

* 엄뫼: 모악산, 갓밝이: 해뜰 참, 메울: 산울타리, 소리놀: 음악, 바람방울쇠: 풍경. 나무고기울음: 목어소리

맘골똘 지리산 토박이솔

새처럼 날고파 품안에 새를 품어
늘배움 맘골똘 지리산 토박이 솔

몸맘 깨끗이 씻어 섬진강에 흘러 보내고
햇빛 비추어 맑은 물길 내는 새물내기

새의 날갯짓 울음소리 짓시늉 닮으려고
바람 한 끗 끌어안고 구름 부르는 솔바람

솔바람 닷금줄 높은음자리표로 우우우
가락을 빚어 하늘길 나는 신나는 수꿈

물길 끌어다 수소를 빼고 산소를 빚는 나무
오랜 비손 드림 수꿈 꾸다가 생긴 참 날개 짓.

* 맘골똘: 삼매경, 닷금줄: 오선지. 수꿈: 상상

시뻘겋게 달아 흐믈흐믈

열즈믄 땃금 끓는 쇠감돌
쇳물가마에서 갓 나온 쇳덩이
시퍼런 불꽃 장단 맞추는 풀무질에
흐믈흐믈 시뻘겋게 달아 무너지는 무쇠
찬 소낙비 한둘굼 좍 뿌려 식히는 하늘
쇠메 탕탕 강도 높여 쇠 닦달한 시우쇠로
한여름 벼리고 벼려 날 세운 영검한 임금검
한빛에 떨잎 떨어지는 소리로 야위어가는 들가을
탈떠퀴 물리칠 칼 꽂아 달라 비손 올리는 울 어매.

* 땃금: 열도, 탈떠퀴: 액귀, 비손: 기원, 쇠감돌: 광석, 쇳물가마: 용광로, 시우쇠: 무쇠보다 강한 쇠

제4부 갈매기 날개 단 바다

갈매기 날개 단 바다

바다가 밥 먹여줘
아들 딸 바다에 띄우고
바람에 끌려 다닌 맘바다
뭍에서 버려진 바다의 뼈
야미섬 신시섬 선유섬 방축섬
웅어리 진 섬 하나 꼬옥 끌어안고
칠산어장 꿈꾸다 곪아가는 헐은 몸
나달의 아픔으로 물결쳐온 비응섬
빈 배, 깃발 내리고 돌아오는 고깃배
어깨동무 하여 일렁이는 저녁놀빛 물결
물거품 물고 술기 오르는 더위 먹은 바다
바다가 되어 물결친 뱃사람들의 뜻살낌새
일 끝낸 저녁놀 빈널 헤적이는 갈매기의 꿈
오랜만에 찾아온 바닷고기 만나 끼룩끼룩
배고픈 터수 털어 이야기꽃 피우는 갈매기 떼
쪽빛바다에 맘 놓고 검은 기침 뱉으라 그러고
저녁잔치에 막 오른 슬픈 생각 너울진 소리놀
붉게 타오른 하바다 소리꾼 삶품 풍장 치는 삶터
갈매기 날개 달고 하늘 밖으로 훨훨 나는 바다.

* 뜻살낌새: 의미 있는 분위기, 빈널: 공간

박덩어리

볏짚 엮어 올린 초가지붕 기어오른 박넝쿨
하늘 맘바람 기도의 넝쿨에 생긴 박덩어리

해방둥이 피난살이 넘던 보릿고개에서 조금씩 커오르다
감곡 신태인 익산 원광고 배움터에서 조금씩 커오르다
육군 보병 일 사단 철원 화지리 지뢰밭에서 조금씩 커오르다
바다에 밥그릇 묻고 그물 찢긴 파도소리에 조금씩 커오르다

달빛 받아먹고 달 모양 둥글게 여물어간 하양 박덩어리
홍부네 톱질 슬근슬근 타 복바가지 하나 만드신 어머니

볕 뜨거운 여름지이 서럽고 목마를 때마다 넘치는 샘
넘기 힘든 고비 때마다 목마름 풀어준 울 엄마 복바가지.

* 맘바람: 소망, 여름지이: 농사

어깨춤 추는 가시바다

한온자의 달구름 다 쓰고 자가웃 남은 때틈 아까워
바래봉 철쭉꽃 흐드러지다는 하루나기도 때품 아까워
이런 저런 잔치 무슨 말다짐 나들이꺼정 때품 아까워
그저 무심한 때품 아무런 뜻살 없는 그런 때틈 아까워
그래도 가시버시 모임에 묻어간 들여름달 대천 해수욕장
간만에 가시버시 나란히 모래밭에 찍은 발자국 같은 사랑놀
썰물에 버려야 할 것도 많고 남은 이야기가 많은 가시버시
자가웃 밖에 없는 때품 어찌 쓰려는지 슬며시 묻는 하바다
푸르게 휘감아오는 물결에 반짝이는 햇살 같은 삶의 빛때깔
오랜 나달 딸자식 기르며 묻은 찌든 때 훌렁훌렁 흔들어 빨고
가시 세운 한도 물결 속에 묻고 깨끗이 비우는 가시님 맘에

번기 꼽아 “찌르르” 사이클 올려 맘빛사랑 아낌없이 흘릴 때
사랑 놀음 음계 한 켜 올려 어깨춤 홍겨운 가시바다의 소리놀.

* 달구름: 세월, 때틈, 때품: 시간, 들여름달: 5월, 말다짐: 약속, 뜻살: 의미, 빛때깔: 이미지, 소리놀: 음악, 하바다: 서해, 맘빛: 눈빛

갓밝이 새해

영하 사십도 얼음 속에 맘얼 가두고 곰곰 생각하니
늘 맘얼 가두고 살아온 약산의 형 아우 괴롬 알겠네
찬바람 불 때마다 얼음 한 꺼풀씩 불어나는 두께
해가 저물어 별빛 비치면 또 한 꺼풀씩 얼음 덮이네
햇볕에 데운 땃물 마음밭 녹이자 따지지 말고 풀쳐 풀자
오랜 강추위 우리 형아우 사이 그만 손잡고 따숩게 살제
갓밝이 새해 영변 약산 붉은 진달래꽃 꽃길에 서로 만나
꽃잎에 맘 묻은 편지 하나 새기고 꽃내로이 풀어지자.

* 맘얼: 정신, 땃물: 뜨거운 물

설날 옛살라비

설날 옛살라비
맑은 물 맑은 바람
살라비 어르신께
세배 차 돌던 고샛길
집 뒤란 대숲에는 참새
감나무가지에서는
까치가 까악까악
기쁨에 찬 높은소리
소우리 황소 음메에
꿀꿀이 꿀꿀 댄 감뫼골
한복 두루마기 꽃대님
조상님께 차례 지내고
윷놀이 꽹과리 치던 옛 벗들
모심절 바쁜 발걸음 찍힌 고샛길
세배가 사라진 시골 그림바리
뒤 안 감나무가지에서
까치가 까악까악
열즈믄 생각 흐르는 높은음자리표.

흰 연기 풀리던 초가지붕 처마
주렁주렁 그리움 열린 고드름
맑은 물과 바람 떠난 옛살라비
앨 써도 건질 것 없는 여름지이
힘없는 늙은이들 논두렁 지킴이
화투나 치며 저문 설날 옛살라비.

* 옛살라비: 옛고향, 풍김새: 분위기, 때품: 시간

물때 꿈자리

엄뫼 갈꽃 떨어져
먼 길 뜨는 나들손
갈피리에 묻어온 하바다
물비늘 스치는 하늬바람의 주름
소리가락으로 한을 푸는 소리꾼의
꺼질 듯한 앓음 소리에 끌리는 밀물소리
깊은 바다 속에 빠져드는 물 때 꿈자리
금빛그물 찢어발기는 불가사리 때문에
닻 올리고 새 어장 찾아 헤매는 배몰이꾼
물고기 들숨 날숨 숨찬 판소리 휘모리
밀물 물때를 밝게 비추는 둥근 보름달.

* 엄뫼: 모악산

주춧돌꺼정 뽑아도

늦장가 가는 마흔 살 아들도령의 면사포
바다 건너 며느리 맞을 일 꿈만 같다
청사초롱 밝힐 새살림방 찾아 뛰어다닌
효자동 삼천동 완산동 서신동 중화산동
집주릅 알림판 붙여진 금새표의 고잇세
턱 없이 높아 셈바림 쓰고 지우고 쓰고
세 딸 시집보내고 남은 기둥뿌리 뽑고
주춧돌꺼정 뽑아도 한참 모자라는 돈,
돈을 돌보듯 맘 비우고 살아온 글놀랑
"아빤, 왜 뭣 땜시 뭣땜시로 가난해"
글놀랑 내종맘 건드리는 철없는 아들에게
살던 집 내주고 사글세 얻어 나가자 그러고
어둠속에 얼굴 묻고 눈물 뿌리는 가시버시
한가위 지나 시집장가 날짜 쓴 비둘기 떠나고
짐 져 무거운 어깨 번갈아 서로 주물러 풀며
이젠 약 먹을 돈 없으니 아프지도 말자 그러고
그러고는……… 그러고는.

* 집주릅: 복덕방, 내종맘: 자존심, 글놀랑: 시인, 고잇세: 전세

무제봉 비빌이

호남정맥 산자락 쥐고 맘비손 올리는 엄뫼
비손배 깃발 세우고 무슨 말씀을 기다리지만
쉰길 바위 젖 물린 아기 품고 말 없는 길닦한
무제봉 비빌이 올리고 하늘복 기다린 백제 비손
백제 법왕 둘째 해 나라의 복을 빈 금산사 미륵불
임진왜란 한즈믄세온 승병 왜놈을 물리친 절터
고부 전봉준이 이평 감곡 원평 지나 오리알터에서
잠시 쉬고 금산사에서 전주로 넘어간 엄뫼 뫼오름
녹두장군 대창 들고 왜놈의 총칼에 맞서 싸운 전라도
자람물 한줄기 마쪽으로 흘러온 세내 온고을 씻기고
하쪽 오리알터에서 흐른 물로 씻긴 나 어린 씨넋덜
아침저녁 거닐길 깨달음 이슬 맺히는 엄뫼의 맘비손
하쪽은 동진강 마쪽은 사미르강 흘러 젖는 외애밋들
나라 잃은 서른다섯해 나락 훑어 바친 서러운 여름지이
벚꽃길 지나 솔 숲 엄뫼 등줄기 기어오르던 들놀이길
이제 먹구름 낀 한온곶 한통 이룰 비빌이 올려야 쓰것네
한 맘 한 뜻 모아 불덩이 하나 밀어 올리세 엄뫼
무제봉에서.

* 여름지이: 농사, 비빌이: 기우제, 씨넋덜-영혼, 한온곶: 한반도

신기료장수와 빨강우체통

옛 온고을우체국 모퉁이
신기료장수와 빨강우체통

마흔해 나달 하루도 빠짐없이
우편배달부 기다린 신기료장수

편지 부치고 나오는 뾰쭉,신사구두
구멍 난 맘얼 헤집고 깁고 땜질 먹칠

날 저물면 촛불 하나 밝히고 닦아
반짝이는 애들 엄마 빨강뾰쭉구두

제비 따라 먼 강남길 떠나 편지 한통 없어도
아들 그림자라도 밟을까 봐 발걸음도 조심스레

기림찍몬이니 한 장 박자해도 설레설레
부끄러움 아님 안다 그러는 신기료장수

누리공 몇 바퀴 돈 구두처럼 깎인 내 인생의 뒤축
옛 일터 다닐 때처럼 꿰매 달라면 배시시 웃는 달인

신기료장수 구두 고쳐 신고 가는 낯익은 손님마다
애들 엄마 만나면 편지 한 통 부치란 말 잊지 않네.

* 기림찍몬: 기념사진, 누리공: 지구, 달구름: 세월, 온고을: 전주

넌 징그런 비암

넌 징그런 비암, 불꽃 뿜는 갈라진 두 줄기 혀
고추밭 매운 맛듬 붉은 고추 고개 숙인 붉은 입술
입맞춤 하려는 개구리의 풀숲 똬리 치던 꽃뱀
고추밭 고추 따던 누이 비명 소리에 놀란 멧갓
논두렁 밭두렁 드나들 구멍 막은 지독한 염알이 짓
들묫 마루묫 목에 핏대 세우고 독기 뿜는 소갈 센 독사
자람골 초가지붕 내다지 스며 새새끼 몰래 훔치는
말도둑
넌 징그런 비암, 달빛 감고 똬리 풀지 않는 달가림 힘놀
한낮 큰길 막고 흘레 고빗사위길 달린 사타구니 불두덩
능이란 이름도 없이 무덤속 해골바가지듬 채홍사왕
마른갈이 물 댄 논 멱 감고 논두렁 구멍 뚫는 심술
넌 징그런 비암, 빈틈 있으면 때품 곳품 스미고픈 나쁜
버릇
뫼 오름길 널 만나 호림에 빠져 뒤 따르다가 쫓기는
모듬살이
네 꾐에 빠져 죄 허물 짜릿한 죽음의 덫에 걸려 넘어진
나달
길바닥에서 흘레붙어 부끄럼 모르고 게염불 사른 염알이
짓.

넌 징그런 비암, 하와 만나 잘못한 말 한마디 때문에 쫓겨
사람들 눈에 띠면 돌멩이 피해 멧갓 수풀로 숨어드는 죄의 싹.

* 들뭇: 야당, 마루뭇: 여당, 자람골: 고향, 내다지: 구멍, 때품: 시간, 곳품: 공간, 게염불: 욕망

연아의 엉덩방아

얼음판 미끄러운 한없셈
엉덩방아 찧고 쿵더쿵 찧고
마침내 수꿈의 얼음판 위 몸놀
하늘 꼭대기에 태극기 휘날리고
대한민국 만세 높이 부르기꺼정
쿵더쿵 찧은 열즈믄찰 엉덩방아
얼음판에 흘린 눈물 힘입어
몸나래 아슬아슬 가눔을 잡고
나비짓 나래 쳐 날아오른 김연아
덜 익은 새물내기 글놀 써 놓고
아슴아슴 생각나는 연아의 엉덩방아
글놀다운 글놀 한줄 빚기 위하여
엉덩방아도 찧고 디딜방아도 찧는
판소리 타령조 글놀랑 엉덩방아.

* 한없셈: 무수히, 수꿈: 상상, 새물내기: 새작품

푸른 하늘을 끌고 가는 빨강 고추잠자리

징계맹경외애밋들, 아리울

누런 가실바다와
푸른 하늘을
끌고 가는 빨강고추잠자리

헐, 헐레 붙어
얼레리 얼레얼레
헐, 헐레 붙어
끌어가는 빨강고추잠자리

네 슬픔 아리울에 풀라

하바다 삼시랑 씨넋 말린 칠산어장
생살도리고 금줄 꿰맨 자국 33.9km
쉼터 잃은 물결 닷큰바다 출렁출렁
새 힘 얻어 큰 물결 휘몰아오는 힘놀
새 힘 얻으리 바다를 꿈꾸는 젊음은
용솟낌 얻으리 물결놀 가락 타는 글놀랑은
뼈 시린 삼듬살이 사무친 그대의 슬픔
빨빠른길 달려 아리울에 풀어 놓아라
가루금 타는 바닷바람 맑은 소리새
뻥뚫리 맘얼 타오르는 땃금 게염불
갈매기 날갯짓 빈널 훨훨 날아 봐?
끝내 한통 이루려 몸부림치는 하바다
높은 파도 숨가심 풍선맘 띄우는 바람
빨랑 깃발 달고 닻 올려 밧줄 풀어라.

* 닷큰바다: 5대양, 용솟낌: 영감, 물결놀: 파도, 빨빠른길: 고속도로, 글놀랑: 시인, 가루금: 수평선, 맘얼: 정신, 땃금: 열온도, 게염불: 욕망, 빈널: 허공, 하바다: 서해바다, 숨가심: 운명

내장산의 불꽃

내장산이 불붙어 탄다는 신고를 받고
싸이렌 불며 달려간 119 소방차가 열달
초하루 내장산 붉물 잔치에 몰린 차량에 꽉
막혀 불길 잡지 못하고 구경만 하는 사이
석양노을 갈바람 끝 불길 활활 거세지고
덤불에 쫓기는 짐승들 애달픈 울음소리에
어쩔 줄 몰라 부들부들 떨고 있는 산 골물
빙빙빙 물소리처럼 불붙은 가을 여자.

* 붉물: 단풍, 덤불: 산불

시무룩탈

바람결에 붉게 탄 떨잎
떨어지는 옛살라비 덤삐알
울음소리 멀어지는 텅빔맘놀
붉은 저녁놀 달구름에 걸어 놓고
빈가지에 앉아 있는 두 마리 새
시무룩탈 시달리는 한 마리 새는
들국화 꽃내에 시린 마음 씻으며
홧김에 생긴 피몰림 삭히고 있고
한 마리 새는 철지난 허물 비빌이
덤짐승소리 산골물소리 산새소리
산울림 가락 애 터지는 물골 소릿결
저무는 저품 엇물의 저녁 비손
나달이 푸르게 물결쳐 간 떨잎
달구름 끗 늦은 가을의 어깨 너머
가시버시 금슬 슬리는 닷금줄 더늠
떨잎 지는 소리에 물드는 황금 노을.

* 옛살라비: 옛고향, 덤삐알: 산자락, 텅빔: 허무, 저품: 자연, 엇물: 감성, 달구름: 세월, 물골: 산골, 시무룩탈: 우울증, 피몰림: 울혈

제5부 까르르까르르 웃는 나무

꽃내

꽃내에 미쳐
꽃내에 맺힌 진주 이슬

꽃내 시새운 하늬바람은
꽃내 앗아 어디메 가는지

야야 너도
벌이의 십일조를 써

달을 물고 밤마다 눈물짓는 달맞이꽃처럼
맑은 이슬 속 그리움으로 꽃내 풀어라.

주: 꽃내 = 향기, 때곳품=시공.

* 땃금: 열도, 탈떠퀴: 액귀, 비손: 기원, 쇠감돌: 광석, 쇳물가마: 용광로, 시우쇠: 무쇠보다 강한 쇠

까르르까르르 웃는 나무

자람골 배롱나무가지 물오른 소녀 간지럼 먹이면
까르르르
소나무도 참새도 덩달아 까르르르
산메아리 새떼 줄지어 까르르르
사랑짓 비쳐 엿보던 달도 까르르르
밀물 썰물의 맘빛 바다도 까르르르
흘떼 흐르다 신명들뜬 은어도 까르르르
예수의 거룩맘 넘치는 믿음이 까르르르
온누리 바람피우는 바람도 까르르
까르르 까르르 꽃이 피고 웃는 나무
까르르까르르 웃어야 오래 살제
까르르까르르 이웃들 함께 웃음 웃네.

* 자람골: 고향, 하: 서, 흘떼: 강, 거룩맘: 성령. 신명들뜬: 홍분

웅덩이 생긴 마음뜰

글놀 쓰다가 텅 비운 마음뜰에
맑은 물 솟는 작은 웅덩이 하나 생겼네
삶터 잃고 빈널 헤매다 지친 씨넋덜 갈무린 맘놀
물뱀 개구리 미구라지 각시붕어 눈금쟁이 송사리
피 빠는 거머리 장난꾸러기 물오리 굴 파는 참게
찰방찰방 물장구치다 출렁출렁 물살 잡아 흔들다가
물비늘에 미끄러지다 풀숲 들어가 와글와글 대는 웅덩이
자람골 떠나 먼 길 뜬 씨넋덜 숨 쉬는 하늘
끌어오는 철새의 날개
날아오르는 마음뜰 맘문 늘 열어두네.

* 글놀: 시, 씨넋덜: 영혼, 새로내: 창조, 자람골: 고향

달맞이꽃

달구름 속 그림자를 묻고
사랑탈앓이 앓은 한듬삼
달빛 끌어 올리는 꽃잎
햇빛 끌어 올리는 잎사귀
그리움 끌어다 빚은 꽃내
꽃내론 편지 배달하는 꽃바람
거룩맘 물결치는 달맞이꽃
꽃마음 노랗게 곪은 사랑앓이
어둠 살라먹어도 배고픈 임
임께 올리는 그리움의 불꽃.

* 사랑탈앓이: 상사병, 한듬삼: 한울을 품은 삶, 꽃내: 향기, 거룩꽃: 성화, 거룩맘: 성령

가시님의 비손

열즈믄리 밖 떨어져 있어도 그윽이
꽃내 흐르는 드문 보배 난보다
더
숫이 마음 우레 치는 암이 가시님 비손

모래알 서걱 이는 고추 밭
어둡던 때품 눈물처럼 매운 빨강고추.

* 숫이: 남자, 암이: 여자, 때품: 시간

말씀속 속다짐 깨트리고

애씀치세기림 일벗은 뒤
지닐총 번뜩이는 글벗 만나
말씀속 속다짐 깨트리고
막걸리 잔 넘치게 알 땰땰
시금 털털 술맛 곱씹어본
드늙나무 푸른 잎 느낌표
신라 즈믄돌 우려낸 꽃내물
닷금줄 올려 소리가락이 소리가락을
지우며 빚어낸 세클다 새로내 소리놀.

* 애씀치세기림: 국가공로훈장, 꽃내물: 향수, 지닐총: 재주 있는, 세클다: 3태극, 새로내: 창작, 소리놀: 음악

드늙나무뿌리에서 어찌

누렁모래바람에 섞여
날아온 씨알 하나
드늙나무 뿌리에 붙어 싹 틔우네
바람에 일렁이는 삼시랑 느낌표
가슴 열고 젖을 먹이는 지어미
사랑의 베풂 나올지는 소리마디
흙속에 뿌리 내려 달구름 속에 묻혀야
큰 나무로 자랄 수 있는 바탕 있는 씨알
부모 잘 만나 걱정 없이 사는 팔자처럼
좋은 밭에 떨어졌으면 크게 자랄 나무
드늙나무 뿌리에서 어찌 새소린들 품으랴

노마의 은행잎

누리공 둥줄기
둥둥둥 울리는 북소리
일본 늘섬 왕창 때려 부수고
기운다해 스러진 싹쓸바람
그놈 보다 더 당찬 기세로
가슴속 훑어내는 갈바람 한 끗
빈품 시름으로 흰 머리카락 몇 올
노마의 은행잎 노랑 물들어 시린 뼈.

* 빈품: 공중, 누리공: 지구, 싹쓸바람: 태풍

집시랑 끝에 달린 고드름

춤놀 노바람 휘몰아치는 집
빙점 아래 꽁꽁 언 내다지 문
집시랑 끝에 달린 흰 고드름
눈물로도 풀리지 않는 겨울밤
내닫문에 비친 듯 만 듯 짧은 햇빛
장작 군불 몇 단 지펴도 얼음장
삼복 무더위에도 몰아치는 찬바람
추워 견디지 못하는 힘든 맘얼
죄 없는 아이들 추워 못 견뎌
박차고 뛰쳐나가고픈 쇠살
눈엔 안 보여도 불길 이글대는 지옥문.

* 내다지: 구멍, 내닫문: 창문, 맘얼: 정신

풀꽃 살려라

달초 하늘을 잠재운 검은 바다 하현달을 넘다가
물결쳐 땅 둥둥 띄워 빈널 가득 채워 올린 풀숲
세내 섶마을은 다모임을 열어 풀 우듬지 자르자하여
건사랑이 왜낫을 벼려 뒤뜰 풀잎을 깨끗이 자르자
풀숲 삼듬 으깬 주검들 품기 흩어져 썩은 풍김새
벌레 울음도 들의 꽃불도 꺼지고 쓸쓸한 마을의 뜰
풀을 아끼는 분 몇몇 들어와 다시 열린 고을다모임에서
우리 마을 들풀의 촛불 살리자고 고을덜 뜻을 모아 살린 풀꽃
여름철 내단문 열면 바람을 타고 마음 적시는 삶의 꽃내

꽃내로운 이웃들 따뜻한 마음을 나누며 꽃처럼 웃고 산다.

* 빈널: 공간, 풍김새: 분위기, 꽃내: 향기 고을덜: 시민, 다모임(총회), 건사랑: 관리원

맘우렌 그림바리

불붙어 타오르는 매화
맘바람 땃땃기 들봄달
봄기별 알리는 하양 잎쪽
꽃내 맘우레 치는 그림바리
나비 없음 안타까운 꽃누리
검과 사람 새 빛놀느낌 거룩결
한없셈 내리실 한해살이 미리수
매화꽃 검 마음픎 맘바람 비손
몇몇 해 때품 물음 삶픎맘글놀
잎 피울 하루해가 짧은 한 살이.

* 맘바람: 소망, 그림바리: 풍경, 땃기: 뜨신 기운, 맘우렌: 감동, 검: 신, 한없셈: 무수히, 거룩셈느낌결: 성결, 때품: 시간, 맘바람: 소망, 비손: 기원, 맘글놀: 서정시, 거룩결: 성결

객사

무지개달 달구름 열아흐레
천리 먼 서울을 떠난 내림 길
쌍계사 꽃 나들이 가는 꽃놀량
해 저물어 머문 온고을 잠마루
바람방울쇠 운 경기전 대 바람소리
삼듬 고달픔 부리고픈 조선의 쉼터
은행나무 골 욕쟁이 할매 막걸리 맛
샘골노래에 붙잡혀 홀린 은행나무골
쌍계사 꽃잎 흐드러지고 새 잎 피드락
길 못 뜨고 웽이집 콩나물국 해장 속풀이
씨넋덜 멋씬이 수꿈 나래 편 조선의 잠마루.

* 바람방울쇠: 풍경, 달구름: 세월, 씨넋덜: 영혼, 멋씬이: 예술가, 잠마루: 여관, 정읍사: 샘골노래

눈꽃 한님새

겨울나무가지 빈업바리에
밤새 하얗게 내린 눈꽃

꽃에 꽃내가 있어야지
꽃에 나비가 날아야지

찬기 서리는 차가운 한님새
맑은 빛때갈 차서 호릴 맘 없다

이 땅 따뜻한 삶 눈꽃보다 아름다워
산목숨들 꽃내로 살게 건드리지 마소.

* 빈업바리: 허무, 꽃내: 향기, 한님새: 천사, 한없셈: 셀 수 없는. 빛때깔: 이미지

우리들 새 맺힌 응어리

아빠 난 날 기려 둘째딸 란아가 몇해 앞
사다 준 뭉친 살덩이 풀어주는 안마기 하나
목뒤 살덩어리 뭉쳐 고갯짓이 어려울 때
허리뼈 무너져 걸어 다니기 어려울 때
자근자근 뭉친 응어리 풀어 주는 효녀의 손
그런 둘째딸이 큰딸만 예뻐 한 엄마가 미워
발걸 음 뚝 끊고 힘들게 살아온 달구름 굴길
눈물 흘리는 딸과 밤잠 못 이루는 엄마 마음
풀쳐 푸는 안마기 하나 있으면 얼마나 좋으랴
오래 써 번기 가끔 끊기는 란아가 준 안마기
바꿀 때틀 넘겼는데 번기통도 끊어버린 란아
바닥난 삶이건 란아와 엄마 사이건 맺힘 풀쳐
풀라 안마기로 뭉친 살덩어리 풀 듯 응어리 풀라

명태 패듯 두드려 풀라 우리들 새 맺힌 응어리

* 번기: 전기, 달구름: 세월, 때틀: 시간, 굴길: 터널, 번기통: 전화

아킬레스건 곪김

가로등에 빨강등 흔들리는 들여름달 엿날
따끔따끔 아파 잘 걸을 수 없는 아킬레스건 곪김
효자동 다은병원 외과의사 만나 병밑을 알아보니
발뒤꿈치 힘줄 주머니 곪김이 생긴 탈 앓이라
한 이레 병 고침 받고 아픔 없이 걸어봐 그러네
아들이 아버지를 지붕위에서 아래로 떼밀어 죽이고
똥 못 가리는 어미 주먹으로 쳐 죽이는 안개나라
아버지는 벌이가 없고 아들 슬기틀게임에 빠지고
아들 과외 시키려고 하룻내 어두움 쓰는 쓰설이꾼
할아버지 아버지 어머니 아들이 걸린 아킬레스건 곪김
늙어 죽을 때꺼정 발목 잡힌 아킬레스건 곪김 어쩌지
내가 아버지께 각시에게 아들에게 또 누구에게 어떤
아킬레스건 곪김 아픔을 주었는지 되새김질한 탈 앓이.

* 들여름달: 5월, 엿날: 토요일, 슬기틀: 컴퓨터

제6부 대바람살 세클다무늬

대바람살 세클다무늬

대나무살에 세클다 무늬를 붙여
바람을 빚는 무형문화재 조충익처럼
토박이말에 경기전 대바람소리 섞은
따뜻한 바람 한 끗 흐르는 맘글놀 써
실타래처럼 엉킨 오해 풀고픈 그대의 뜰
붉은 달빛에 흐드러지게 피는 아까시아꽃
꽃잎 떨어지는 초여름밤 대바람소리놀
글놀 물살 흐르는 세클다 뜻살무늬.

* 세클다 무늬: 삼태극 무늬, 맘글놀: 서정시, 소리놀: 음악, 뜻살: 의미

해 묵은 소나무 뿌리

온봄날 지나 쉬는 엿날 경주김씨완암공파 시제에
일 없는 늙은이들 뫼등에 모여 옛 뿌리 캐고 묻네

할아버지의 할아버지의 할아버지의 할아버지의 뿌리에
흐르는 한듬삼의 물결 한온곶 땅맘 물 살지는 한얼삼듬

감뫼 뒷산 경주김씨 밝달 지켜온 해묵은 소나무 몇 그루
호남정맥 덤삐알 휘감아 새물 뽑아 올리는 뻐꾸기 울음

한 온해 사이 달구름 속에 묻어버린 인의예지신의 법도
질긴 동기간의 연줄과 한듬삼의 새뜻한 새셈 새얼

밝달의 뿌리는 뻗어 호남정맥 지나 백두대간에 한 끗
샘물시내는 섬나루강 지나 물결치는 하바다에 한 끗

뿌리 찾아 밝달에 모이는 시제 헛것모심으로 알지 말라
잎잎 젖어 올리는 강물과 솔바람소리 내는 소나무 뿌리.

* 덤삐알: 산삐알, 달구름: 세월, 하바다: 서해, 뜻살: 의미, 밝달: 신전, 한 끗: 한끝(한 점), 새얼: 새로운 정신(문화), 한듬삼: 하늘몬, 뫔나들법, 목숨점지를 뜻하는 한겨레의 생각듬(사상)

잉걸맘 부겐베리아

마쪽을 바라보는 내다지 쬐끔 열려
벌어진 내다지 틈 휘몰아 친 눈보라
꽁꽁 언 목숨 저승 문턱에 선 꽃낭구
아차, 뒤늦게 내다지 문 쾅 닫았으나
살 기미 희미한 잉걸맘 부겐베리아
용케 하양 벽 쪽으로 뻗은 가지하나 벽
땃땃기 빌어 힘차게 차오르는 푸른 잎
뻗어 나갈 길 막아선 벼랑으로 난 삶
새 느낌놀 피워 올린 잉걸맘 부겐베리아
죽음에서 살아 낸 맘바람 땃기 한줌.

* 땃기: 열기운

사랑, 붉은 빛돌

사랑, 붉은 빛돌
가지 끝에 실어놓고

여름내동 솔솔 이글이글
햇빛도 바람도 들랑날랑

땃금 불속에 물컹물컹
익어 터질 듯 붉은 사랑

하늘 푸른 수반에 올려놓고
손 모아 기다리는 가을 손님.

돌대추, 빈업바리

마쪽바다 흔들어 놓고 올라온 봄바람
하동포구에서 온봄달 물줄기 두드려
솟을물음 도른도른 섬진강 물비늘
지리산 돌대추 빈업바리에 뻗친 물살
우듬지 피워 올리는 아시놀 맘바람
풀잎 흐느낌 속 닷금가락을 빚는 돌대추
나래치는 꿀벌과 사랑탈앓이 뻐꾹새
바람 끌어 입 맞추는 산수유 그 그늘
뫼오름 사내와 봄처녀 불붙어 입 맞추네.

* 돌대추: 산수유, 온봄달: 3월, 아시놀: 태초, 사랑탈: 상사, 빈업바리: 허무

맑은 이슬 한님새

붉은 앵혈처럼 꽃잎에
봄바람을 품은 삼시랑 할매

삼듬 붉매화 뿌리
겨울 추위를 견디며
깊어진 생각의 뿌리

맑은 이슬 한님새도
붉매화 꽃잎에 젖었네.

* 한님새: 천사, 삼듬: 삶

살구

젊어서 시던 살구덜
한 여름 볕에 물컹
빈품 때품 곳품
솔솔솔 단내 풍기네.

* 빈품=공중, 때품=시간, 곳품=공간

차례듬 맘얼

추운 겨울 기나긴 기다림 없었다면
진달래꽃 어찌 나빌 부를 수 있으랴

땅줏대 뒤흔든 땅우레 바다쏠물 싹쓸린 일본거리
길 갓둥 푸른 불 기다리며 차례듬 지키는 맘얼
집을 잃고 헐벗은 거리 삶듬몬 타는 나눔마루 앞
한 줄로 서서 말없이 차례차례 받아가는 맘얼
가락지기 노래를 받은 노래꾼 산디판에 서기꺼정
한 가락 두즈믄찰 더 거듭거듭 목소리 다듬는 맘얼
무엇이든 빨리빨리 해야 맴이 풀리는 냅뜬 한얼
푸른 부름등 지켜 바쁜 발걸음도 느릿느릿 새얼
소리놀 닻금줄 가락에 맞추어 삶듬 발걸음 딛서자.

* 차례듬: 질서, 길 갓둥: 가로등, 삶듬몬: 생활용품, 나눔마루: 배급소, 가락지기: 작곡가, 산디판: 무대, 두즈믄찰: 이천 번, 땅우레: 지진, 바다쏠물: 해일, 냅뜬: 앞질러나섬, 부름등: 신호등, 맘얼: 정신, 닻금줄: 오선지

청사초롱

들여름달 두이레 엿날
지리산 세석평전에 불 밝히고
청사초롱을 건 젊은 가시버시
남자가 여자를 꼭 끌어안고
남자의 품에 파고 든 여자와
바람 한 끗 묻어온 꽃내에 안겨
신혼여행을 떠나는 꽃구름나라
나비춤을 맞춘 뻐꾸기 기림노래
풍김새 좋아 늙은 가시버시 한 쌍도
밝히지 못한 청사초롱 꽃가지에 거네.

* 꽃내: 향기, 풍김새: 분위기

알바드로스의 춤놀

뜨내기 알바드로스는
부채처럼 나래를 펴고
가시버시 부리 맞대고
입 맞추며 소리치며 짓시늉
멋듬 춤놀사랑 간드러진 나눔
뿔병아리는 물속에서 맵씨나는
손짓 발짓 긴 때품 힘든 춤발새
공작의 수컷은 알 슬 때틈
꼬리에 고운 빛깔 띄워 흔들흔들
암컷이 살꽃 앓는 뽐냄 춤사위

온봄달 짝짓기 숨앓이 묻어 온 바람결처럼
물위에 사르르 미끄러지는 새로내 몸짓.

* 새로내: 창조, 살꽃: 내홍, 때품, 때틈새: 시간, 온봄달: 3월, 숨앓이: 삶앓이, 춤발새: 춤사위

쉰고뿔

들봄달 물오르는 소리놀 피아니시시모로
마음 뭉클 빈 틈새 바람에 묻어 온 손님
몸 안 구석구석 헤집고 꼬집고 치고받고
불 질러 내다지마다 매운 연기 모락모락
피 말리는 뼈, 하 해진 머리통, 저며지는 살가죽
춥게 지낸 허물 물어뜯고 쾅쾅 대못 치는 탈떠퀴
봄나들이 아지랑이처럼 몇날 며칠 떠돌다가
도움 준 각시한테 옮아 기침하는 나쁜 놈
삼듬살이 스며든 고뿔에 몸살 앓는 집구석
아이들 방 옮지 못하게 문고리 걸어 잠가도
몸이 찌긋찌긋 좋아지지 않는 살림살이.

* 쉰고뿔: 독감, 탈떠퀴: 액귀

마녘멀 불더위

설악산 너머 노녘멀 형

골얼줄 꽉 막힌 얼음굴길
마녘멀 불더위 이글대는 잉걸불
데불고 쉼날 얻어 맞더우 갈까
노녘멀 얼음 덩어리 녹이는 땃사름
대동강물 풀리게 흘러 보내고
한 열흘쯤 얼음굴길 틀어박혀
얼음틀처럼 얼린 내 맘 시렁
맑은술 한 잔에 풀어갈 풍김새

고요새에 섞 한 잔 어때요, 형.

* 땃사름: 따순사름, 골얼줄: 뇌신경, 마녘멀: 남한, 노녘멀: 북한, 풍김새: 분위기

북을 치자

북을 치자 한겨레 한통 이룰때꺼정

북을 치자 얼음벽 녹아 허물어질 때꺼정

북을 치자 북어 패듯 응골 풀릴 때꺼정

북을 치자 막힌 가슴 뻥 뚫릴 때꺼정

북을 치자 가난한 살림 부자 될 때꺼정

북을 치자 속 썩이는 아들놈 철 들 때꺼정

북을 치자 집 나간 아낙 돌아 올 때꺼정

북을 치자 죄 지은이 뉘우칠 때꺼정

북을 치자 쌈싸우는 이 분 풀릴 때꺼정

북을 치자 신문고 치는 이 없을 때꺼정

북을 치자 삶결 애타 기운 풀릴 때꺼정

북을 치자 사랑의 여리고성 무너질 때꺼정

북을 치자 가문 땅 단비 올 때꺼정

북을 치자 꽹과리 징 장구 치고 풍년 들 때꺼정

북을 치자 게염불 없애고 마음 비울 때꺼정

* 한통: 통일, 게염불: 욕망

겨울여자

칼바람 찬 서슬에
날 세우는 겨울여자

떨잎 털린
헐벗은 알몸

얼음 얼리는 얼림틀속
달구름에도 썩지 않는 몸맘

엇물 물결치는 땅맘
힘껏 빨아올리는 뿌리

속살 비치게 햇빛 받아
물길 터 싹 틔울 바탕

물살 조용한 맘놀
햇빛꺼정 얼리려는 겨울여자.

* 떨잎: 낙엽, 엇물: 감성, 맘놀: 명상

엄뫼 붙어먹은 나무

엄뫼 붙어먹은 나무
뿌리 깊은 삼듬 출렁임
푸른 잉크 빛어 쓴 글놀
받아 읽는 산새 소리가락
더늠으로 불어 온 바람결에
물결치는 맘사람 머리카락
헐레붙어 태어난 가시내
붉은 웃음 꽃내로이 웃네.

* 엄뫼=모악산, 삼듬=삶,글놀=시, 맘사람=정인

나의 글셈평

끌맛나는 새말은 토박이말 속에 뿌리가 있다.

새말을 끌어다 쓴 글놀말(시어)은 제3시집 "고추잠자리가 끌고 가는 황금마차"가 처음이며 제4시집 "섬 하나 가슴에 올려놓고"가 2번째로 알고 있다. 우리말 말밑으로 새말을 다듬어 쓴 글놀(시)이 태어났어도 글놀랑들은 놀라지도 않고 오히려 어려운 글놀셈이라 했다. 한겨레의 맘바람(희망) 세종임금이 한글로 드러낸 우리말이 들온말(외래어) 때문에 낯선 말이 되고 말았다. 한말글 글놀을 들온말을 부려 써 글셈평(서평) 붙여야 하는 현실이 부끄럽다. 주시경선생 이래로 새말을 톺아 다듬어 쓴 국문학자가 몇이나 되는가? 아름다운 우리말을 찾아 쓰지 못하고 남의 나라말에 학문하는 갈말자리를 빼앗긴 것은 얼을 빼앗긴 것으로 우리 땅을 빼앗긴 것과 무엇이 다르랴.

우리말의 빼어난 아름다움은 말셈에 담긴 상징과 은유 넉넉함에 있다.

'생태계'는 '생김살이울'로, '문화'는 '새얼'로, '내용'은 '속살'로, '독감'은 '쉰고뿔'로 '영혼'은 '씨넋덜'로, '생명'은 '삼시랑듬'으로, '이미지'는 '빛때깔'로, '메시지'는 '뜻빛살'로, '허무'는 '빈업바리'로, '상사병'은 '사랑탈'로, '혼'은 '넋'으로 바꾸어보라 얼마나 끌맛나는 한말글인가! '듬'은 '꾸미어지는 법', '놀'은 '가락 있는 움직임의 뜻'을 품고 있다.

즈믄나달의 소릿결 흐르는 경기전 뜰
대나무 칸칸이 골방에 든 한얼맘 선비들
글 읽는 소리 은은한 완판본의 옛살라비

태조 이성계가 왜구를 무찌르고 쉬어간
오목대 등에 지고 하늘을 나는 기와지붕
초상화 임금들 잠을 깨우는 처마 바람방울쇠
글놀랑 읊놀 진양조가 꺾어지는 대숲
한듬삼 깊은 생각 늘 푸른 선비더러
"노마로 갈라진 나라 한통 어찌 풀겨?"
솟을물음에 대 바람서린 화랑도와 세종 맘얼
닷즈믄 해 휘감은 서슬 푸른 대바람소리놀.
〈경기전 대바람소리〉 졸작 전문

온고을 경기전은 조선 임금들을 모신 사당이다. 경기전 뜰에 들어가면 대나무 숲 대바람소리가 들린다. 숲에 들면 대나무 칸칸이 골방에 들어가 글 읽는 소리 쩌렁한 조선 선비들의 넋살(혼)과 맘얼(정신)을 느낄 수 있다. 경기전의 씨넋덜(영령)은 지금도 마음 졸이며 갈라진 나라의 한통을 비손(기원) 올리며 나라살림을 걱정 하고 있다. 태조 이성계가 왜구를 무찌르고 연회를 베풀었던 오목대에 올라 바라보면 한옥 마을 지붕이 새처럼 날며 이적이라도 바람방울쇠 울릴 듯 한 풍김새(분위기)다. 대바람소리는 조선의 선비맘얼이며 한듬삼(하늘을 품삶)의 푸른 새돋기운이며 대나무 칸칸마다 빈품 글놀랑의 마음자리다. 왕을 모시는 새뜻한(창의적인) 생각에 잠긴 선비더러 한통에 대하여 물었더니 대바람소리로 대꾸한다. 한겨레 모두가 검은게염(흑심)을 버리고 대 바람 맑은 맘얼을 지니라는 뜻이다. 한옥마을 태조로에 오래된 전동 성당이 있고 남문시장에 풍남문이 있다. 태조로에서 풍남문을 볼 수 있도록 온여름달(6월) 풍남문 둘레를 다듬어 새로이 꾸미었다. 대바람소리 울리는 경기전 대숲에 들어가 선비들의 올곧은 품새를 배워 오기 바란다.

온고을 맑은소리 다부름뜸 목대잡이 김 교수는
하나님 앞에서 목대봉을 잡고 휘두르며
새 울고 꽃 피는 새뜻한 소리를 바라지만
소리놀 익히지 못한 믿는 이로 이루어진
다부름뜸 늘 하늘에 안어울림소리 올리네
그러나 김 교수는 늘배움으로 소리놀 본데
연거푸 가르치며 가락에 혼불을 놓자고
아이우에오 오에우이아 가락을 다듬고
낱말 하나 토씨 하나라도 베풂맘 따라
하나님 기뻐하는 소리놀기림 올리자고 하소연
여러 찰 수 없이 되씹어 부르고 또 부르네
김 교수의 목소리를 흉내 내다가 맘이 뭉클
목소리가 하나로 모아지면 기뻐하는 목대봉

글놀랑이 글놀 쓸 때도 이처럼 여러 찰
셀 수없이 생각하고 고치고 다듬다 보면
낱말 하나 토씨 하나 가락이 생기고
소리에 맞울려 삼얼글놀 맘이 우레칠런지
김 교수는 목대봉 들고 글놀랑은 붓끝으로
기쁨의 가락 하늘에 올리려 하나 늘 허방이나
하늘맘 울리는 멋씬 새물내기 올리겠다네, 기어이.
〈하나님 기뻐하는 가락〉 졸작 전문

전주대 음악대학장이며 동부교회 목대잡이 김 교수는 하나님께 올리는 소리기림(경배찬양)은 온몸과 맘을 다 바치는 기도여야 한다고 기림놀 익힘 때 틈나는 대로 이야기한다. 맑은소리 다부름뜸(합창단) 목대잡이기도 한 김 교수는 돌단(단전)

에 힘을 주고 숨쉬기를 가다듬어 열린 목소리로 마음 담긴 맑은소리를 내라고 배움 이에게 늘 가르친다. 하나님을 참마음으로 사랑하는 가슴에서 우러나는 목소리라야 하나님 맘을 우레 칠 수 있다고 외친다. 글놀랑의 글놀 쓰기도 밑감을 얻으면 오래 묵혀 거르고 또 걸러져야 글놀 맛이 풍긴다. 맛이 나도 글셈평(서평)에 인정받으려면 "낯설게 하기" 용수에 거르고 묵혀 제 술맛이 나기까지 가슴을 활짝 열어 보여야 한다. 소리놀, 글놀이 하늘에 올려 지려면 생각놀(묵상)과 수꿈(상상) 기도로 목소리를 다듬고 다잡는 삶의 눈물이 있어야 하나님 기뻐하는 가락을 올릴 수 있다. "하나님 기뻐하는 가락"은 오래 묵히지 못하는 속듬(성격)때문에 새물내기에 늘 허탕을 친다고 읊고 있지만 어쩌면 좀 더 다잡는 구체적인 글놀이라야 좋은 새물내기로 글셈평 받을 수 있었다. 글놀 소리놀 그림은 맥이 닿아 있어 가락을 펼치는 마음 씀씀이가 닮은 것 같다. 멋씬몬(예술품)은 오래 묵혀야 좋은 지은 물을 낳는다. 내게 삶의 때품이 있었다면 몇 해쯤 푹 담근 글놀 보여 주었을 텐데 맘바람 못 이룬 글놀랑이지만 하늘맘 울리는 예술성 있는 창조물 하나 올리리, 기어이.

골방기도의 창과 한울 사이
땅짐 끌어올린 물오름 꽃낭구
날 난 날 불 밝힐 예순 몇 송이
꽃낭구 우듬지싹 푸른 잎 피워 올리고
온봄달 열사흘 각시 태어난 날을 기려
붉은 꽃내 활짝 피어 올린 꽃빛 뜻살
똥 묻은 버시 챙겨 잘 닦아 주고 씻긴
섬김살이 삶 높이 산 하늘의 뜻일지라
무지개달맞이 부활절 온누리 꽃낭구가

힘든 이웃들 위해 베푸는 들꽃 잔치에
집안 마당에 각시가 물 주어 애써 가꾼
철쭉 붉은 하양 보라 노랑꽃 흐드러지게
물과 햇빛과 바람에 꽃내를 빚은 꽃낭구
꽃동이마다 빛깔 다른 옷 갈아입히는 따듯한 손길.
〈땅집 끌어 올린 물오른 꽃낭구〉 졸작 전문

가시버시는 촌수가 없지만 가장 가까운 사이로 친다. 청사초롱을 밝히고 첫날밤을 보낸 다음부터 보이지 않는 끈으로 묶여져 있다. 가시는 버시가 버시는 가시가 길들이며 살다가 잎도 피우고 꽃도 피우는 꽃낭구와 같다. 아내는 베란다에 꽃섶틀을 만들어 놓고 철쭉등 제철에 맞는 꽃을 피운다. 빨강 파랑 하양 노랑꽃 흐드러지니 내 마음도 흐드러지다. 아내는 물과 햇빛과 바람에 길들여지는 것이 꽃이라 하지만 아내에게 길들여지는 것은 꽃같은 식구들 아닌가. 남편과 아들과 딸에게 바친 눈물겨운 사랑을 꽃에게도 쏟고 있다. 아내는 매일 꽃낭구에 물을 주며 햇빛(불)과 바람듬 거룩맘(성령) 받으라고 내 꽃동이에 불꽃같은 꽃 피우려 애 쓰고 있다.

봄처녀 가슴속
성깔 드러낸 꽃무늬
꽃잎 바탕 그림바리
꽃내 빚어내는 달구름처럼
빨강 파랑 노랑 보라 하양
푸른 가지 튕겨 울리는 소리놀처럼
도시라쏠파미래도 가락을 맞춰
삼시랑듬 어울림 넣는 바람결처럼

얼 깨침 혀끝 스미는 붉매화 꽃내
봄 창가에 앉아 마시는 꽃차 한 잔
꽃차 따루는 꽃다운 마음을 맛보네.
〈꽃차 한 잔〉 졸작 전문

몇 해 전 2월 초 엿날 내가 좋아하는 여류 글놀랑(시인) 집에 초대를 받았다. 여류시인 김 글놀랑은 글놀도 잘 쓰지만 꽃 가꾸는 취미가 남달랐다. 서른두 평 아파트 베란다에 꽃동이를 나란히 올려놓고 여러 가지 꽃풀을 길러 꽃을 피우는 모습이 좋아 보였다. 그 가운데 겨울을 난 붉은 매화가 흐드러져 꽃내가 코를 찔렀다. 김 글놀랑은 찻그릇을 꺼내 물을 팔팔 끓여 매화 꽃잎을 따 넣고 찻잔에 따루고 우러나면 또 따루고 한잔 또 한잔 따루었다. 꽃내가 맘얼(정신)에 스쳐 맘새 아주 좋았다. 꽃내 빚어내는 달구름(세월)처럼 푸른 가지 끝 튕겨 울리는 소리놀(음악)처럼 삼시랑듬(생명) 따라 어울림 넣는 바람결처럼 혀끝에 스미는 꽃차의 맛듬 기가 막히더라. 김 글놀랑은 이적에도 매화꽃처럼 끌맛나는 글놀을 쓰면서 쉴겨를 즐기는 듬직한 멋씬이(예술가)다. 들봄달(3월) 어느 글놀랑 모임에서 김 글놀랑을 만나 매화차가 생각난다고 했더니 내년 봄 매화꽃이 붉게 필 때 꼭 초대 하겠노라는 말다짐(약속)을 받았다.

소나무 숲으로 둘러싸인 여름지터
땅 몇 평 빌려 땅콩이나 심자고
땅을 파고 밭두둑 만들다 목말라
여름외딴집 뜰에 물 뜨러 갔더니
방문 앞엔 숫이 신발 한 켤레뿐인데
암이의 가느다란 정받이소리가 끊어질 듯

이어지며 죽다가 살아나고 또 죽고
"아아아 아야, 아아아 아야"
들어볼수록 봄사랑어린 흘레가락
"아아아 아야 , 아아아 아흐 아흐"
숲속에서는 암꿩이 알 품는 소리
매실나무 열매는 신물이 들어차고
흰나비는 들꽃 속에서 날아올랐다.
〈여름외딴집 암가락 숫장단〉 졸작 전문

초여름의 땃기(열기) 후끈 달아 오른 들여름달 초 엿날 오후에 사미르강 가에 있는 여름지터에 갔다. 처갓집 쪼간 여름지터의 땅 몇 평 얻은 여름지이(농사)다. 땅을 파고 땅콩을 심다가 하도 목이 말라 여름지터 안 외딴 집에 물 뜨러 갔다가 보았다. 외딴 집 구두 한 켤레, 문밖 소리놀 여자의 정받이소리가 쉼 없이 들려 왔다. 안주인은 어디 갔을까. 남의 집 품 팔러 갔는지, 아니면 아들네 집 손자 보러 갔는지, 먼 나들이 떠났으면 신발을 감출 리 없을 텐데 어디 갔을까. 암꿩이 알을 품고 매실나무 열매에 신물이 차오르는 대자연의 섭리 속에서는 사람의 사랑앓이도 자연의 물결 속에 소리 없이 묻혀 글놀(시)이 된다. 자연의 물결에 사랑앓이 흐르는 맘글놀(서정시) 행간에 짬짜미가 있다.

자람골 배롱나무가지 물오른 소녀 간지럼 먹이면 까르르르
소나무도 참새도 덩달아 까르르르
산 메아리 새떼 줄지어 까르르르
사랑짓 비쳐 엿보던 달도 까르르르
밀물 썰물의 맘빛 바다도 까르르르

흘떼 흐르다 신명들뜬 은어도 까르르르
예수의 거룩맘 넘치는 이 까르르르
온누리 바람피우고 다닌 바람도 까르르
까르르 까르르 꽃이 피는 간지럼 나무
까르르까르르 웃어야 오래 살제
까르르까르르 이웃들 함께 웃음 웃네.
〈까르르까르르 웃는 나무〉 졸작 전문

옛살라비(옛고향) 우리집 울안에는 배롱나무 한그루가 서 있었다. 배롱나무를 전라도에서는 간지럼나무라고 부른다. 간지럼을 태우면 이파리까지 흔들리는 것이 재미있어 놀러 온 아이들이 흔들며 덩달아 웃었다. 내가 좋아 하던 순이도 간지럼만 태우면 못 참고 자지러지게 웃었다. 그 때 그 순이와 아이들 웃음소리가 들리는 듯 배롱 나무만 보면 흔들고 싶어진다. 옛 어른들은 웃으면 복이 온다고 맘껏 웃으라고 했다. 건강비결에 웃으면 웃을수록 힘이 솟고 젊어진다고 웃고 살라 한다. 그러나 늙어지면 웃음도 말라가 헛웃음만 나온다. 간지럼나무처럼 간지러워 까르르까르르 웃는 허물없는 사람이 나는 좋다. 살림살이가 좋아지고 남과 북이 한통 이루어 날마다 웃음꽃 피우며 함께 살면 얼마나 좋으랴. 몇 해 앞서 시무룩탈에 시달리는 아내와 한방병원에 탈 나으러 갔더니 꽃내(향기)낫이탈에 웃음낫이탈을 함께 하면 성금이 좋다고 했다. 한솥밥덜과 이웃에게 꽃내로운 웃음 주지 못하는 삶을 나는 늘 뉘우치며 입 모양이라도 웃으려고 애쓴다. 까르르까르르 웃어야 오래 살제.

제주시 서귀동 973의 1번지 천지연 쏠물은
한라산 삼시랑 뿌리에서 흐르는 삼얼 사랑물
한라산이 골마리 까고 남쪽바다에 쫙 갈기는
사랑물 줄기로 파도쳐 출렁출렁 흔드는 쪽빛바다
한라산에서 나무랑 풀꽃 열매로 맺혀 살다가
하늘에 닿아 물결치며 들끓는 바닷놀에 끌려
바다에 떨어져 짠물과 한통 이뤄 품은 물고기떼
짠물에 섞였어도 물은 물 삼시랑 픔 자궁이라
마쪽바다가 불붙어 활활 타는 게염불 탱글탱글
싹쓸바람 우우우 달리다 하늘로 쳐드는 물기둥
딴방 쓰던 가시버시 몰래 엿듣다 끌안고 홍얼홍얼
황조롱이도 하늘 높이 떠 몰래 사랑앓이 꾸룩꾸룩
사랑맘 푸르게 젖는 한라산과 끌고 밀고 미친 듯
치고받는 사랑앓이.
〈천지연 쏠물〉 졸작 전문

제주도 서귀포에 가면 천지연 쏠물이 있다. 한라산의 얼기운이 바다를 향해 뚝뚝 떨어지는 걸 보고 있으면 뭔가 불끈 치솟는다. 꿈 많은 물방울이 산골에 묻혀 살기에는 바다가 너무 큰 호림이었다. 꽃을 피우고 열매 맺혀 알콩달콩 살던 물방울은 바다로 나가 쪽빛바다를 품어 보기로 맘먹는다. 맑은 물방울이 바다로 떨어지니 쪽빛 바다가 출렁출렁 흔들린다. 물방울은 물고기떼를 품고 싹쓸바람(태풍)으로 달리다가 솟구치는 물기둥으로 하늘에 오르려는 꿈을 꾼다. 가시버시도 황조롱이도 한라산도 같은 꿈을 꾼다. 몇 해 앞 한라산이 보이는 모슬포 어업무선국 일터에서 한라산을 바라보니 안개에 젖은 한라산이 꿈이듯 숨은 빛으로 다가왔다. 천지연 쏠물은 서귀포에서 자라회로 한잔 걸치고 가끔 찾아가면 맘 바다에 물살 후려

쳐 맘얼(정신) 번쩍 나게 깨워 주던 쏠물이다. 제주도 서귀포에서는 한라산과 쪽빛바다가 밀고 끌고 사랑앓이에 빠져 때틀(시간) 가는 줄 모른다. 그래서 신혼부부가 제주도로 밀월여행을 가나 봐.

징계맹경외애밋들,아리울

누런 가실바다와
푸른 하늘을
끌고 가는 빨강고추잠자리

헐,헐레 붙어
얼레리 얼레얼레
헐,헐레 붙어
끌어가는 빨강고추잠자리
〈푸른하늘을 끌고 가는 빨강 고추잠자리〉 졸작 전문

제3시집 "고추잠자리가 끌고 가는 황금마차" 글섬평에서 이동희박사는 "「고추잠자리가 끌고 가는 황금마차」는 우리가 지키고 가꾸어야 할 얼의 바탕이 무엇이어야 하는가를 순수한 우리말 시어와 우리의 정서를 통해서 형상화 한다. 금만경 넓은 벌은 우리네 신명난 터전이었다. 역사적 무지와 어리석음, 외세의 침탈과 자민족의 무지몽매함, 자연성을 외면한 맹독성 농약을 함부로 사용함으로서 자연도 죽이고 인간도 말살하는 맹신적 과학성, 자국의 영토인 독도마저 제대로 지켜내지 못하고 일본의 망언을 감수해야 하는 수모, 이런 어리석음과 눈물 나는 수모를 가장 토속성이 강한 전라도 정서로 풀어낸 시가 이 작품이다." 라고 썼다. 윗 글놀 "누런 가실바다와 푸른 하늘을 끌고 가는 빨강 고추잠자리"는 하바다(서해)를 막아 아리울(새만금) 너른 벌을 만들고 맑은 물을 끌어들여 새로내(창의)마을을 세워가고 있다. 아리울은 우리의 앞날이 걸린 푸른 하늘과 누런가실바다다. 아리울에서 헐레 붙은 고추잠자리가 삼시랑듬 샘으로 끌고 가 살가운 아이울 거듭나면 얼마나 좋으랴.

이레 날 이름

밝날(일요일)은 새해 밝은 날 한밝달(태백산)에서 하늘에 제사를 드리는 배달임금의 자취와 한듬의 듬(법)을 밝히는 이야기가 있고 줄기말(연관어)은 '한밝달, 밝돌, 밝다'이다.

한날(월요일)은 초하루, 첫째 날(한째 날), 하늘 이야기가 있고 줄기말은 '하늘, 한, 하다'이다.

두날(화요일)은 초이틀, 둘째 날, 두레 모듬 이야기, 짬듬갈 이야기가 있고, 줄기말은 '한듬(큰법), 우듬지, 들다'이다.

삿날(수요일)은 초사흘, 셋째 날, 삼시랑 할미의 목숨(생명) 점지 이야기가 있고, 줄기말(연관어)은 '삼(삼시랑), 살다'이다.

낫날(목요일)은 초나흘, 넷째 날, 누리(세상)와 목숨이 태어난 이야기가 있고, 줄기말은 '애낳이, 나다'이다.

닷날(금요일)은 초닷새, 다섯째 날, 다섯 손가락, 세클다(삼태극)의 세틀로 다 이룬다는 이승 이야기가 있고, 줄기말은 '세클다(삼태극), 다하다'이다.

엿날(토요일)은 초엿새, 여섯째 날, 엿날 성밟기의 '극락문이 열린다'는 저승 바람 이야기가 있고, 줄기말은 '여닫이, 열다'이다.

열두 달 이름

한밝달(1월)은 새해맞이 신명에 함박 웃는 달
들봄달(2월)은 따사로운 햇살에 새움 돋는 달
온봄달(3월)은 맛깔스런 봄나물에 입맛 돋는 달
무지개달(4월)은 꽃누리 사랑비에 물해 뜨는 달
들여름달(5월)은 여름맞이 물빛 때깔 나는 달
온여름달(6월)은 벼사름 풀빛 생기 돋는 달
더위달(7월)은 한온곳 더위누리 물바람 시원한 달
들가을달(8월)은 가을맞이 땀 송송 불볕나는 달
온가을달(9월)은 올게심니 한가위 굼실 덩실 달
열달(10월)은 가을걷이 갈잎 때깔 나는 달
들겨울달(11월)은 겨울맞이 하늬바람 첫눈 오는 달
섣달(12월)은 겨우살이 긴긴밤 고섶이야기 달

새말, 토박이말 풀이

가루금(수평선)
가시버시
가온(중심)
갓밝이(해뜰참)
거룩맘(성령)
거룩물(성수)
거룩집(성전)
걸개글귀(프랑카드)
검(신)
겉옷(외투)
게염불(욕망)
고마빛(용한 빛)
고뿔(감기)
고샅(골목)
고을덜(시민)
고잇세(전세)
골얼줄(뇌신경)
귀염물(애완용)
그림바리(풍경)
글놀(시)
글놀랑(시인)
글놀말(시어)
글놀분(주인공)
기림손(추모)
기림찍몬(기념사진)
길턱(도리)
꽃내(향기)
꽃잉걸(석류)
나눔마루(배급소)
나무고기(목어)
낫이탈(치료)
낳낸이(생산자)
내다지(구멍)
내닫문(창문)
내좋맘(자존심)
노녘멀(북한)
노마(남북)
노바람(북풍)
누리공(지구)
늘품(발전)
다모임(총회)
다부름뜸(합창단)
달구름(세월)
닷금줄(오선지)
닷셈수(오행수)
덤불(산불)

덤삐알(산자락)
돌단(단전)
되쓸몬(재활용품)
들뭇(야당)
들봄달(2월)
들여름달(5월)
듬갈(과학)
딛서다(극복하다)
땃금(온도)
땃기(열 기운)
땃물(뜨거운 물)
땅우레(지진)
땅짐(아지랑이)
때곳품(시공간)
때알이(시간)
때품(시간)
떨잎(낙엽)
뜻빛살(메시지)
뜻살(의미)
뜻살낌(의미 있는 분위기)
마녘멀(남한)
마루(기관)
마루(무대)
마루듬(정치)
마루뭇(여당)
마하바다(남서해)
말다짐(언약)
말셈머리(어휘부/머릿속사전)
맘골똘(삼매경)
맘글놀(서정시)
맘다독(위문)
맘뜻(정의)
맘바람(소망)
맘비손(소원)
맘사람(정인)
맘얼(정신)
맘우레(감동)
엄뫼(모악산)
멋씬이(예술가)
메울(산울타리)
모듬(사회)
모심절(경배)
목대봉(지휘봉)
목대잡이(지휘자)
몬게염(물욕)
몸들임(경험)
뫔나들(소통)
무리춤(군무)
물결놀(파도)
물골(골짜기)
물너울(파도)
물맘(수심)
미립(요령, 방법)
민꽃덮이(무화과)
믿나라말(모국어)
바다쏠물(해일)
바람방울쇠(풍경)
밝달(신전)

버시(남편)
번기(전기)
보람기림(표창장)
본데 나들길(지식 소통도)
붉물(단풍)
비갓(우산)
비손(기원)
빈널(공간)
빈짝(상자)
빈품(공중)
빛때갈(이미지)
빨래틀(세탁기)
빨래틀집(세탁소)
빨빠른길(고속도로)
사귐춤(사교춤)
사랑맘(애정)
사랑탈(상사)
사름새(생존 형편)
사미르강(만경강)
살림듬(경제)
삶품(생활)
삼듬(삶)
삼듬(삼시랑듬)
삼시랑듬(목숨점지의 삶)
삼시랑듬(생명점지)
삼얼(삶의 정신).
삼얼(생성의 정신)
삿날(수요일)
새뜻한(창의적)
새로내(창조)
새물(새로난 작품)
새샘터(원천)
새얼(새로운 정신, 문화)
샘골노래(정읍사)
생각씨(관념사)
생각힘(사고력)
생김살이울(생태계)
서리날(상강)
섞가림길(미로)
섬돌(계단)
세내(삼천시내)
세발밝새(삼족오)
세클다(삼태극)
셈새얼(수문화)
소리놀(음악)
소리못(음정)
속살(내용)
손번깃통(손전등)
솟을물음(의문)
쉰고뿔(독감)
수꿈(상상)
숨가심(운명)
숨피돌이적꼴(생리 현상)
숫이(남자)
쉴겨를철(휴가철)
싹쓸바람(태풍)
쏘개질(고발)
쏠물(폭포)

쏠바람(폭풍)
쓰설이통(쓰레기통)
씨넋덜(영혼)
씨앗가게(종묘상)
아리울(새만금)
아시놀(태초)
안어울림소리(불협화음)
안찝(내장)
암이(여자)
야기풀(소설)
어린야기풀(동화)
얼맘(정신)
얼음맘(빙심)
얼이음(전통)
엄뫼(모악산)
엇물(감성)
여름지이소리결(농부가)
열두셈듬(12진법)
엿날(토요일)
옛몬고섶대(고물상선반)
옛살라비(고향)
오름섬돌(계단)
온고을(전주)
온봄달(3월)
온새미(생긴 그대로)
온여름달(6월)
온하늘(우주)
용솟낌(영감)
우듬지싹(도설, 마인드맵)
웟흐름(상류)
읊놀(시조)
입술분(립스틱)
잎쪽글(쪽지 편지)
자람골(고향)
잠마루(여관)
저절돌(자동)
저품(자연)
젊아이(소년)
줄기말(연관어)
즈믄나달(천년세월)
집주릅(복덕방)
차례듬(질서)
차멈곳(주차장)
춤놀(춤사위)
캐물음(질문)
캐밝글(조서)
탈터귀(액귀)
텅빔(허무)
톺아보다(조사하다)
팡이탈(습진)
품기(공기)
풍김새(분위기)
하바다(서해)
한끗(한끝, 한점)
한뉘(평생)
한님새(천사)
한듬맘글놀(하늘풂서정시)
한듬삼(하늘-법-삶)

한듬삼(한겨레의 3보 사상)

한듬삼(하늘몬, 뫎나들법, 목숨점지)

한말글(국어)

한밝달줄기(태백산맥)

한얼맘(한겨레정신)

한온곶(한반도)

허방(허탕)

헤덤빔(미망)

흘뗴(강)